Imp. SCHNEIDER ET LANGRAND, rue d'Erfurth, 1.

NAPOLEON
AU
BIVOUAC.
CH. DIETTRICH.

NAPOLÉON

AU BIVOUAC,

AUX TUILERIES ET A SAINTE-HÉLÈNE

ANECDOTES INÉDITES

SUR LA FAMILLE

ET LA COUR IMPÉRIALE,

PAR

ÉMILE MARCO DE SAINT-HILAIRE,

Auteur des *Souvenirs intimes du temps de l'Empire*, etc.

PARIS,

CHARLES WARÉE, ÉDITEUR,

RUE RICHELIEU, 45 BIS.

—

1845

L'invitation jetée à la tête.

L'histoire des premières années des grands hommes a, pour le vulgaire comme pour l'observateur, un attrait tout particulier : on est curieux de voir poindre, grandir et se développer chez eux ces germes sublimes, ces facultés puissantes qui doivent plus tard étonner le monde. Pour l'œil qui sait discerner les choses dans leurs principes, même à travers l'enfant perce et se devine l'homme tel qu'il doit être un jour.

Cependant les premières années de Napoléon n'offrirent rien de bien extraordinaire : « Je n'étais alors, a-t-il dit lui-même, qu'un enfant obstiné, curieux et taquin. » En effet, son caractère, remarquable par sa vivacité, avait quelque chose de cette pétulance querelleuse qui le faisait s'abandonner presque toujours à un premier mouvement, sans s'inquiéter ni des conséquences ni des résultats. A l'appui de cette assertion nous ne citerons que ce seul fait :

Étant à l'École Militaire de Brienne, en 1779 (Napoléon avait alors dix ans), unde ses amusements favoris était la culture d'un petit parterre entouré de palissades dans lequel il se retranchait habituellement aux heures de récréation. Un jour, un de ses camarades, curieux de savoir ce qu'il peut faire ainsi, seul, dans son jardin, escalade la barrière et le voit occupé à ranger dans des dispositions militaires une foule de cailloux dont la grosseur indique les grades. Au bruit que fait l'indiscret, Napoléon se retourne, et, se voyant surpris, ordonne à l'écolier de descendre ; mais celui-ci, au lieu d'obéir, se moque du jeune stratégiste, qui, peu disposé à la plaisanterie, ramasse une grosse pierre et la lance au milieu du front du railleur, qui tombe aussitôt dangereusement blessé.

Vingt-cinq ans après, c'est-à-dire au moment de sa plus haute fortune, on annonce un matin à l'empereur qu'un individu qui se dit son camarade à l'École Militaire de Brienne demande la faveur d'être admis près de sa personne. Plus d'une fois déjà des intrigants s'étaient servis de ce prétexte pour arriver jusqu'à lui : Napoléon ordonne à l'aide de camp de service d'aller demander à cet ancien condisciple son nom. On le lui dit; mais ce nom n'éveillant aucun souvenir dans son esprit,

— Retournez, dit-il au messager, et demandez à cet homme qu'il vous cite quelques circonstances de jeunesse qui puissent me remettre sur la voie.

L'aide de camp revient bientôt en disant que, pour toute réponse, le solliciteur lui a montré une cicatrice qu'il avait au front.

— Ah! oui, fit Napoléon, cette fois je me le rappelle, je sais qui : c'est une INVITATION que je lui ai jetée à la tête; dites-lui qu'il entre : je serai bien aise de le revoir.

Il y a toute apparence que l'ancien condisciple de Brienne fut très-satisfait de l'accueil que lui fit son ancien camarade, devenu emperenr, car, lorsqu'il sortit du cabinet de Napoléon, sa figure était r dieuse.

❧

Le futur Roi et le futur Empereur.

En 1785, Napoléon, ayant été admis à l'École Militaire de Paris après un exame brillant, fut nommé sous-lieutenant au régiment de La Fère (artillerie), alors en garnison à Valence. Là, quelques lueurs du soleil de l'avenir commencèrent à se glisser dans le crépuscule du jeune officier ignoré. Napoléon, on le sait, était pauvre; mais, si pauvre qu'il fût, il pensa qu'il pouvait venir en aide à sa famille, et appela en France son frère Louis, de neuf ans moins âgé que lui, et qui, vingt et un ans plus tard, devint roi de Hollande. Tous deux logeaient chez mademoiselle Bou, tenant café et hôtel garni. Napoléon avait une chambre au-dessus de la salle de billard qu'il payait douze francs par mois, et le jeune Louis occupait une mansarde au-dessus de cette chambre. Chaque matin, fidèle à ses habitudes de collége, dont il devait se faire plus tard une vertu des camps, Napoléon éveillait son frère en frappant le pied de son lit avec un bâton ; puis il lui donnait sa leçon de mathématiques. Un jour, Louis, qui avait grand' peine à se faire à ce régime, descendit avec plus de regret et de lenteur que de coutume.

— Eh bien, qu'as-tu donc ce matin? lui demanda son frère d'un ton d'humeur. Il me semble que tu es encore plus paresseux aujourd'hui que de coutume?

— C'est vrai, répondit celui-ci ; mais c'est que je faisais un beau rêve.

— Et que rêvais-tu ?

— Je rêvais que j'étais roi !

— Alors qu'étais-je donc, moi?... Empereur, sans doute ?

Et Napoléon, ayant haussé les épaules, reprit en souriant :

— Voyons, il ne s'agit pas de royauté ce matin; fais-moi voir les multiplications et les divisions que tu avais à faire hier au soir.

Et cette leçon journalière fut, comme

d'habitude, prise par le futur roi et donnée par le futur empereur.

❧

Le Parricide.

Disgracié après le siége de Toulon, Napoléon perdit son grade de général d'artillerie. Condamné à une inaction longue, sinon éternelle, il revint à Paris ; puis il vendit ses chevaux et son équipage de guerre, réunit le peu d'argent qu'il pouvait posséder, et résolut de se retirer et de vivre à la campagne. Ce fut alors qu'il se souvint de Valence, où il avait passé trois ans si obscur et si heureux. Accompagné de son frère aîné, Joseph Bonaparte, qui retournait à Marseille pour y épouser la fille d'un riche négociant nommé Clary, qui fut également beau-père de Bernadotte, aujourd'hui roi de Suède, ils passèrent à Montélimart, et s'y arrêtèrent. Napoléon trouve le site et le climat convenables, et demande s'il n'y a pas, dans les environs quelque propriété de peu de valeur à acheter. On le renvoie à un M. Grassot, homme d'affaires, avec lequel il prend jour pour visiter une petite campagne appelée Beauserret, qui dans le patois du pays signifie *beau séjour* et indique ainsi son agréable situation. En effet Napoléon et Joseph visitent cette habitation, qu'ils trouvent en tout point à leur convenance. Craignant seulement, en voyant son importance, que le prix ne soit trop élevé pour leurs moyens, Napoléon hasarde la question. On lui répond : — 20,000 fr. : c'est pour rien.

Napoléon et Joseph reviennent à Montélimart, et se consultent. Leur petite fortune réunie leur permet de consacrer cette somme à l'acquisition de leur futur ermitage. Ils prennent rendez-vous pour le lendemain afin d'en finir : c'est sur les lieux mêmes qu'ils veulent terminer l'affaire. M. Grassot les accompagne de nouveau ; ils visitent la propriété plus en détail encore qu'ils ne l'ont fait la première fois. Enfin Napoléon, étonné que l'on cède pour une somme aussi minime une si charmante maison de campagne, demande à l'homme d'affaires s'il n'y a pas quelque cause secrète qui en fasse ainsi baisser le prix.

— Oui, répond M. Grassot; mais ce doit être sans importance pour vous.

— N'importe, répliqua Napoléon, je tiens à le savoir.

— Il y a eu un assassinat de commis dans la maison.

— Et par qui?

— Par un fils sur son père.

— Un parricide! exclame Napoléon en pâlissant; partons, mon frère, partons!...

Et, saisissant Joseph par le bras, ils s'élancent hors de la maison, remontent en cabriolet, et retournent tous deux à Montélimart. Napoléon demande des chevaux de poste et repart à l'instant même pour Paris. Joseph poursuivit sa route vers Marseille.

Les Naïades.

Devenu premier consul, Napoléon, voulant décorer la place Louis XV d'une fontaine, demanda à son architecte particulier de lui soumettre un projet. Il lui est présenté. Ce monument se composait de quatre naïades jetant de l'eau par les mamelles. Cette idée parut indécente à Napoléon, qui dit à ce dernier avec vivacité :

— Monsieur, ôtez-moi ces nourrices : les naïades étaient vierges.

L'Officier scrupuleux.

Tandis qu'à Marengo Napoléon observait les mouvements de l'ennemi et donnait des ordres écrits, un biscaïen atteint l'officier auquel il dictait et le renverse mutilé. Napoléon demande un autre secrétaire. Celui-ci arrive. Au moment où Napoléon va continuer sa dépêche, le blessé se relève.

— Général, lui dit-il d'une voix éteinte, nous en étions restés là...

Et il répète les derniers mots que Napoléon lui avait dictés.

Motif de refus.

A l'époque du concordat, un évêque recommandait chaudement au premier consul le curé de Courval près Clamecy.

— Général, lui disait l'Éminence, c'est un homme d'une piété exemplaire et digne d'exercer son saint ministère dans la capitale. La rigidité de ses mœurs est telle, que dernièrement il ne voulut se servir d'une selle de cheval qu'une dame avait montée que lorsque le sellier l'eut recouverte à neuf.

— C'est là, reprit Napoléon, le genre de piété de ce curé?... Eh bien, engagez-le à rester dans son village : il se pervertirait à Paris.

Le Secrétaire intime.

Des bruits fâcheux s'étaient répandus sur une affaire tout-à-fait étrangère aux fonctions de secrétaire particulier du cabinet de

Napoléon, alors premier consul. On prétendait que ce secrétaire était gravement compromis : il s'agissait d'une spéculation commerciale dans laquelle Bourrienne était intéressé. La banqueroute d'une maison de commerce ayant divulgué le secret de cette association, qui jusqu'alors avait été ignorée, Napoléon en prit beaucoup d'humeur, et quelques jours après le secrétaire intime avait quitté pour la seconde fois le cabinet particulier du premier consul, qui était tellement *monté* contre lui, qu'il défendit même qu'on lui parlât en sa faveur. Cependant l'intervention de Fouché et de Talleyrand fut plus puissante auprès du chef de l'État que celle de sa famille, qui avait essayé de faire revenir Napoléon sur sa détermination; et, sans doute plus que tout cela, un reste de bienveillance pour son ancien camarade de Brienne fit donner à ce dernier quelques missions, tant en Prusse qu'en Saxe; mais là Bourrienne fut encore dénoncé. Rappelé à Paris *par ordre*, force fut à lui de rentrer dans la vie privée, complétement disgracié qu'il était.

En 1804, et lorsque Napoléon vint à s'emparer des rênes de l'État et à légitimer ainsi les faveurs que la fortune n'avait cessé de lui accorder depuis dix ans, ce nouvel ordre de choses parut favorable à Bourrienne, qui ne s'était jamais tenu pour battu complétement. Il chercha non-seulement à rentrer en grâce auprès de son ancien maître, mais encore à reconquérir le poste qu'il avait occupé trois ans auparavant.

Il faut l'avouer, dans cette circonstance l'empereur garda à son ancien secrétaire une rancune que (pour nous servir de son expression) le temps n'avait fait que *faisander*; aussi tous les moyens qui furent employés échouèrent-ils : Napoléon tint bon cette fois, et il n'y eut pas jusqu'à l'excellente Joséphine qui fut contrainte de battre en retraite devant ces sévères paroles :

— Madame, occupez-vous de vos chiffons, et laissez là Bourrienne, dont j'ai défendu qu'on prononçât jamais le nom devant moi, vous le savez bien.

En désespoir de cause et comme dernière ancre de salut, Bourrienne conçut l'idée de s'adresser à un nommé Leclerc, celui de ses valets de chambre pour lequel le nouveau monarque avait une espèce de faible. Ce Leclerc était un franc original, portant le dévouement à son maître jusqu'au fanatisme et connaissant parfaitement la faiblesse que celui-ci avait pour lui. Sachant en profiter lorsqu'il le fallait ou qu'il le voulait, il n'en avait jamais abusé, parce qu'il était doué de beaucoup d'esprit naturel et surtout de beaucoup de tact. Ce fut donc à ce serviteur, qui chaque matin apportait à l'empereur la demi-tasse de café ou de chocolat qu'il prenait en se levant, que Bourrienne eut recours. Il va le trouver aux Tuileries :

— Vous seul, mon cher Leclerc, lui dit-il, parlez assez familièrement à l'empereur pour obtenir de lui l'audience qui m'est si nécessaire, car s'il consent à me voir, à m'entendre un instant, je me justifierai pleinement des mauvais propos dont on l'a entretenu sur mon compte, et alors ce sera à vous seul que j'aurai l'obligation d'être rentré en grâce.

— Je me donnerais bien de garde de prononcer votre nom devant l'empereur, répond Leclerc : n'ai-je pas été témoin de la manière dont il a *rembarré* Joseph, Louis, madame Murat, que sais-je encore, et l'impératrice elle-même ! Il me chasserait sans rémission. Ne savez-vous donc pas qu'il leur a fermé la bouche par un mot que je n'oserais vous répéter ?

— C'est égal, mon cher Leclerc, risquez la demande d'une audience particulière pour moi ; j'ai le pressentiment que votre franc-parler sera plus puissant que l'intercession de ceux qui ont cherché à me rapprocher de l'empereur. Ils s'y sont mal pris ; mais, vous, ce sera différent, et vous pourrez compter, de ma part, sur une reconnaissance éternelle : ne me connaissez-vous donc pas ?

Leclerc lutta encore ; mais, il faut le dire, comme il avait déjà à Bourrienne quelques obligations particulières, et qu'au fond il n'était ni ingrat ni courtisan, il se laissa séduire et promit de faire une tentative ; puis, après un moment de réflexion, il ajouta :

— Venez demain matin, à l'heure de mon

service. Si l'empereur est de bonne humeur, j'essayerai de vous introduire; mais s'il est mal disposé, je ne réponds de rien.

Le lendemain, Bourrienne fut exact; il attendit Leclerc dans le petit salon qui précédait immédiatement la chambre à coucher de Napoléon. Là, ne se trouvait encore que le valet de pied de garde, dont il était bien connu. A six heures du matin Leclerc arriva; un coup de sonnette le fit entrer chez son maître, qui, selon son habitude, le questionna sur une foule de choses assez insignifiantes. Napoléon se plaisait à faire jaser ce serviteur dévoué, et ce jour-là il était d'humeur causeuse, disposition qui parut favorable au valet de chambre pour servir son protégé, et dont il profita habilement en montrant contre sa coutume l'envie de se taire. L'empereur en fit la remarque.

— Tu es bien discret aujourd'hui, lui dit-il. Est-ce que tu es malade?

— Non, sire; mais il y a quelqu'un, là à côté, qui m'attend.

— Diable! de si bonne heure! Qui est-ce donc?

— Oh ! sire, répond Leclerc avec un ai d'indifférence, c'est une personne que Votr Majesté ne veut pas voir, et qui m'a beau coup tourmenté pour tâcher de lui ménage avec elle une audience particulière; mais j'ai refusé.

— Et vous avez bien fait, monsieur ! ré pliqua l'empereur d'un ton sévère. De quoi vous mêlez-vous, d'oser faire entrer chez moi quelqu'un que vous savez que je ne veux pas voir ?

— Sire, c'est ce que je lui ai dit; mais, sur l'observation que je lui ai faite que je n'oserais jamais prendre la liberté de...

— De m'en parler, n'est-ce pas ? interrompit Napoléon avec vivacité ; vous avez répondu que vous vous en chargiez... Je vous reconnais bien là ! Quelle est cette personne ?

— Sire, je n'ose à présent la nommer à Votre Majesté.

— Et moi, je veux la connaître; parlez à l'instant.

— Eh bien ! sire, c'est..... M. Bourrienne.

A ces mots, l'empereur se leva de sa chaise comme un furieux; et, repoussant du pied un guéridon qui alla tomber à quelques pas de lui,

— C'est un *tripoteur!* s'écria-t-il, un..... que je ne veux pas voir!... Et vous, monsieur, vous êtes un drôle! sortez... Je n'ai pas besoin de vos services en ce moment.

En disant ces mots, Napoléon était tremblant de colère. Pendant ce temps, Bourrienne était resté dans une incertitude extrême, et lorsque Leclerc vint à sortir de la chambre impériale, tout abasourdi par les dures paroles qu'il venait d'entendre, il ne savait comment annoncer à son protégé la fâcheuse réussite de sa mission; ce dernier ne lui laissa pas le temps de s'expliquer, et, l'abordant d'un air radieux,

— Eh bien! mon cher Leclerc, Sa Majesté consent à me recevoir, n'est-ce pas?

— Oui... oui... répond Leclerc d'un ton moitié goguenard, moitié contrit; je viens de parler pour vous; l'empereur est *drôlement* disposé en votre faveur..... Entrez, si vous en avez l'envie, vous pourrez en juger vous-même.

— J'en étais certain ! s'écria Bourrienne ; et il entre dans la chambre de l'empereur avec une sorte d'assurance.

En le voyant, Napoléon reste stupéfait. L'étonnement, l'indignation, le rendent muet. Interprétant en sa faveur les divers sentiments qui l'agitent et qui se peignent sur son visage, Bourrienne se jette à ses genoux, implore son pardon, invoque des souvenirs d'enfance... Et l'empereur, tout en l'accablant de reproches, l'écoute, lui presse les mains, le relève tout ému qu'il est, et lui dit enfin d'un ton attendri :

— Assez, Bourrienne, assez. Oui, je vous pardonne, j'oublie tout ; mais c'est à cause de votre femme, de votre famille, que j'estime, que j'aime, que je veux bien encore faire quelque chose pour vous ; cependant je ne puis vous garder auprès de moi : c'est désormais de toute impossibilité. Je vais m'occuper de vous *caser* ; mais, je vous en préviens (et Napoléon appuya sur ces mots), faites en sorte que je n'entende plus parler

Napoléon et Bourrienne.

p. 18.

de vous qu'en bien, ou sinon... Maintenant, Bourrienne, laissez-moi : il ne faut pas qu'on nous trouve ensemble. Duroc vous fera savoir ma volonté ; bientôt vous recevrez des instructions de Talleyrand... Allons, adieu, partez.

Quinze jours après, l'ex-secrétaire intime était nommé consul à Hambourg, avec le titre de ministre plénipotentiaire. A la manière dont Napoléon le traita dans cette circonstance, il est évident qu'il n'avait point encore oublié tout-à-fait l'ami de collége, le confident, l'homme infatigable qui avait le talent de saisir, sur un mot, sa pensée, bien que chez lui les pensées se succédassent avec une incroyable rapidité. Mais déjà, alors même que Bourrienne jouissait de toute la confiance du premier consul, celui-ci avait plusieurs fois témoigné le désir de s'attacher un jeune homme qui fût travailleur, discret et capable d'aider son secrétaire, que réellement il accablait de besogne ; toutefois il ne voulut pas que ce secrétaire adjoint lui vînt de Bourrienne. Napoléon en parla un jour à son frère Joseph.

— Pourrais-tu, lui dit-il, me donner quelqu'un qui me convînt pour travailler dans mon cabinet? Je ne veux ni d'un paresseux ni d'un bavard.

— Ma foi, je ne connais personne. Cependant j'ai à Mortefontaine un jeune homme que j'emploie à classer les livres de ma bibliothèque; je l'ai peu vu, mais il m'a semblé avoir de l'intelligence. Il est fort doux, fort modeste; son écriture, du reste, est très-belle.

— Un jeune homme, dis-tu?... Comment s'appelle-t-il?

— Je t'avoue que j'ai su son nom parce qu'il m'a écrit il y a quelque temps; depuis, je l'ai totalement oublié.

— N'importe, je vais l'envoyer chercher tout de suite; je veux le voir.

Napoléon dit un mot à son premier aide de camp. Un officier des guides est appelé. Ce dernier reçoit l'ordre de prendre une voiture, d'aller à Mortefontaine et d'en ramener un jeune homme dont on ne lui dit pas le nom, mais qu'on lui désigne comme étant employé à la bibliothèque du château. L'officier, croyant qu'il s'agit d'une arrestation, se fait accompagner d'une escorte, part, arrive à Mortefontaine, et enlève le bibliothécaire sans lui donner le temps de respirer, sans lui fournir la moindre explication, le surveillant comme un prisonnier d'État. De retour à Paris, l'officier rend compte de sa mission, et l'aide de camp lui répond :

— Conduisez ce jeune homme dans le cabinet de M. Bourrienne.

Ce dernier, prévenu de l'arrivée du nouveau secrétaire, l'installe aussitôt sans lui faire aucune question, et le met au travail. Le soir, le nouveau venu, qui n'avait pas cessé de travailler, allait tomber d'inanition, lorsque Bourrienne, s'apercevant de l'altération de son visage, s'avise de lui adresser la parole pour lui demander s'il n'est pas indisposé.

— Non, monsieur ; mais j'ai grand' faim.

— Comment, vous avez faim?

— Oui, monsieur, je n'avais pas déjeûné ce matin quand on m'a amené ici, et je n'ai pas encore dîné.

— Et pourquoi ne l'avez-vous pas dit?

— Monsieur, je n'ai pas osé.

Bourrienne s'empressa de faire donner à son jeune collaborateur tout ce dont il avait besoin, et rendit compte au premier consul de ce qui venait de se passer. Cette modestie, cette simplicité, plurent beaucoup à Napoléon. De temps en temps il faisait causer son protégé, et, s'apercevant qu'il avait des qualités qui ne demandaient qu'à être développées, il s'attacha de plus en plus à lui; enfin, lorsqu'il fut forcé de *remercier* Bourrienne, il le lui donna pour successeur.

Ce jeune homme était M. de Menneval.

La différence.

Joséphine, choquée du luxe ridicule d'une femme qui était parvenue à se faire recevoir à la cour consulaire, disait à son mari :

— Conçois-tu, Bonaparte, cette madame *** qui se donne les airs d'avoir un chasseur derrière sa voiture?

— Ce n'est pas un chasseur, répondit Napoléon, c'est un braconnier.

Faire plus qu'on ne veut.

C'est peut-être la conspiration de Georges Cadoudal contre Napoléon (en 1804) qui décida de la création de l'Empire. Georges, après avoir passé en prières toute la nuit qui précéda son exécution, causait le matin avec le conseiller d'État Réal, alors chargé du département de la police, et lui disait fort tranquillement :

— J'ai fait mieux, sans le vouloir, que je ne l'espérais : je croyais donner un roi à la France, je lui donne un empereur !

L'Anniversaire d'Arcole.

Le 17 novembre de la même année, par une belle matinée d'automne, Napoléon sortait du parc de Saint-Cloud pour aller chasser chez le maréchal Masséna, lorsqu'une paysanne dont le mari avait été précédemment condamné aux galères à perpétuité pour vol à main armée sur un grand chemin, vint se jeter dans les chevaux de la calèche où il était avec son grand veneur, en criant :

— Grâce! grâce!

Déjà cette femme s'était trouvée plusieurs fois sur le passage de l'empereur, et ce dernier, frappé de l'énergie de ses gestes et de son langage, s'était fait rendre compte de l'affaire de son mari ; mais il avait jugé qu'un recours en grâce était inadmissible. Cependant la violence de la douleur de la paysanne, qui se roulait échevelée sous les pieds des chevaux, ses gémissements, sa beauté même, émurent Napoléon, qui dit à Berthier qu'un homme qui inspirait un intérêt aussi puissant sur une femme devait sans doute avoir des qualités qui le distinguaient des autres scélérats.

— Mais, ajouta-t-il, le danger d'une pareille indulgence, le cours de la justice interverti... Je ne puis pas.

Ce refus irrévocable allait être prononcé pour la dernière fois par Napoléon, lorsque tout-à-coup, frappé d'un souvenir et s'adressant à son grand veneur, qui, durant cette scène, n'avait pas soufflé mot,

— Dites donc, Berthier, n'est-ce pas aujourd'hui l'anniversaire de la bataille d'Arcole?

— Mais, sire,... je crois que... oui.

— Moi, j'en suis sûr...

Et ce mélange de souvenirs et de sentiments venant à l'emporter, il ajouta :

— Une grâce accordée en mémoire d'un grand événement sera sans danger, elle le rappellera à la France... J'accorde la grâce demandée.

Les Béquilles et les Jambes de Bois.

Quelques jours après, Napoléon et Joséphine étant à Mayence, il leur prend fantaisie, un matin, d'aller déjeûner dans une petite île du Rhin où on leur avait dit qu'était située la maison de plaisance de l'Électeur appelée *la Favorite*. On arrive; mais il ne reste de cette habitation aucune trace : elle avait été démolie deux ans auparavant. N'importe, les ordres avaient été donnés : Leurs Majestés déjeûnèrent tant bien que mal sur l'herbe. Comme ils s'en revenaient, ils passèrent près d'une chaumière devant la porte de laquelle était assise une pauvre femme. Napoléon lui fait signe de s'approcher, et lui adresse quelques questions auxquelles elle répond avec franchise, ne connaissant ni l'empereur ni l'impératrice.

— Bonne femme, continua-t-il, pourquoi ne faites-vous pas réparer le toit de votre maison?

— Hélas! mon cher seigneur, c'est que nous sommes trop pauvres, d'autant plus que mon mari n'a pas toujours d'ouvrage et que nous avons trois enfants à élever.

— Quel état a-t-il, votre mari?

— Il est tourneur, il fait des béquilles et des jambes de bois pour les blessés; mais comme malheureusement il n'y a plus de guerre, l'ouvrage ne va plus.

A ces mots de *béquilles* et de *jambes de bois*, la figure de l'empereur s'était un peu assombrie ; il avait jeté un regard d'intelligence à Joséphine, qui, ayant passé son bras sous le sien, le pressa doucement comme pour dire à son mari qu'elle avait compris toute sa pensée : aussi baissa-t-elle les yeux sans mot dire.

— Oh ! oh ! ne faire que des béquilles et des jambes de bois ! reprit Napoléon d'un ton d'indifférence, c'est en effet un mauvais métier à présent : on n'en a plus besoin.

— Certainement, et voilà pourquoi nous sommes si arriérés.

— Combien vous faudrait-il donc pour vous mettre au-dessus de vos affaires? lui demanda Joséphine avec une bonté charmante.

— Hélas ! ma belle dame, il me faudrait trop.

— Mais encore, reprit Napoléon, combien vous faudrait-il ?

— Il nous faudrait au moins... au moins...

— Et la vieille femme, regardant le ciel et comptant sur ses doigts comme pour faire une récapitulation, dit enfin, en laissant échapper un gros soupir :

— Il ne nous faudrait pas moins de quatorze louis d'or ; mais nous ne les gagnerons jamais en notre vie, l'ouvrage va si mal à présent que l'on ne se bat plus et qu'on n'a plus besoin de bé.....

— On a toujours besoin de chaises ! s'écria Napoléon en coupant brusquement la parole à la vieille femme, pour qu'elle ne vînt pas à répéter ces mots de *béquilles* et de *jambes de bois*, qui paraissaient avoir attristé Joséphine. Dites à votre mari, ajouta-t-il, qu'il fasse des chaises : on en aura toujours besoin.

Puis, ayant parlé bas à l'oreille du préfet du palais, qui les avait accompagnés, l'empereur prit des mains de ce dernier un rouleau de cinq cents francs, qu'il brisa, en comptant lui-même les pièces de vingt francs, qu'il jetait l'une après l'autre dans le tablier de la vieille femme, qui ne pouvait en croire ses yeux. Joséphine ne parvint qu'à grand'peine à la persuader que cet or n'était pas faux et que tout était bien pour elle.

Recette pour faire fermer un salon.

Fouché racontait ainsi le moyen qu'il avait employé pour faire fermer un salon du faubourg Saint-Germain dans lequel on s'occupait trop de politique.

Cette maison avait été plus d'une fois signalée à l'empereur par sa police particulière. Un matin, après la lecture d'un rapport confidentiel, il dit au ministre de la police, qui entrait dans son cabinet :

— A propos, monsieur Fouché, on *bavarde* beaucoup trop chez madame de ***, je le sais pertinemment.

— Sire, laquelle de ces dames ? demanda celui-ci ; elles sont deux : la duchesse et la comtesse.

— Je parle de celle qui demeure dans la rue Saint-Dominique. Vous le savez mieux que moi, puisque vous y allez toutes les semaines et que vous recevez chez vous cette dame.

— C'est vrai, sire, répondit celui-ci avec

son aplomb ordinaire : il s'agit de la comtesse, et Votre Majesté a raison.

A ces mots, Napoléon regarda son ministre d'un air surpris :

— Parbleu ! si j'ai raison, reprit-il, il n'y a pas de doute ; mais vous, vous avez tort de ne pas être plus instruit de ce qui se passe chez madame de ***. Qu'elle parle chiffons, rien de mieux ; mais qu'elle contrôle hautement les actes de mon gouvernement, je ne le veux pas, et vous, encore une fois, vous n'auriez pas dû tolérer si longtemps un pareil scandale.

— Sire, puis-je empêcher une jolie femme de parler et de...

— De parler chiffons, non ! interrompit l'empereur avec vivacité, mais de se mêler de politique, oui ! Arrangez-vous comme vous voudrez ; mais s'il me revient aux oreilles des propos tels que ceux qui m'ont été rapportés, c'est à vous que je m'en prendrai, je vous en préviens.

— Alors, répliqua malignement Fouché, je ne vois qu'un moyen de fermer la bouche à madame de *** : c'est de lui faire fermer son salon.

— Les moyens ne me regardent pas. J'énonce un fait, il est positif, vous en convenez. Arrangez-vous comme vous l'entendrez, c'est votre affaire et non la mienne, n'en parlons plus.

A quelques jours de là, Fouché rencontre dans le jardin des Tuileries la marquise de***, parente de la comtesse. Après les compliments d'usage,

— Madame la marquise, lui dit-il, votre cher mari assiste régulièrement aux soirées de madame de ***, votre amie et votre cousine, je crois?

— Oui, monseigneur, assez habituellement.

— Eh bien! engagez-le à s'y observer plus qu'il ne le fait.

— Comment! est-ce que...

— Je ne vous dis rien, madame la marquise, remarquez bien que je ne vous dis rien. Je vous engage seulement, dans un intérêt commun, à avertir votre cher mari, qui est un homme honorable et que j'estime fort, de s'observer un peu quand il ira chez la comtesse. A tout prendre, il ferait mieux de n'y pas retourner.

— Ces gens-là sont donc à vous ?

— Je ne vous dis pas cela.

— Serait-ce vous, monseigneur, qui les aideriez à soutenir le train de leur maison?

— Je ne vous dis pas un mot de cela, et vous supplie même de me garder le secret. Ce n'est pas le ministre qui vous parle, c'est l'ami, madame la marquise; et s'il vous arrivait, sans le vouloir, de répéter ce que j'ai l'honneur de vous dire ici en confidence, je le saurais et me verrais forcé, bien à regret, de vous renvoyer directement tous les commentaires qu'on ne manquerait pas de faire à ce sujet; ainsi donc, de la discrétion.

— Je vous le promets, monseigneur. Oh! les vilaines gens que ces ***! Jamais ni mon mari ni moi ne remettrons le pied chez eux.

— Peut-être ferez-vous bien, madame la marquise. Croyez à mon profond respect.

Et Fouché salua cette dame d'une façon toute aristocratique.

Le ministre de la police avait parfaitement

placé son secret. Le soir même il était livré, bien mystérieusement, à une demi-douzaine d'amis intimes qui avaient aussi promis le silence, car vingt-quatre heures après il se trouva que toute la société de Paris le connaissait. Arriva le jour ordinaire des soirées de madame de ***, et son splendide salon resta complétement vide.

Le mois suivant, au Théâtre-Français, en sortant de sa baignoire d'avant-scène, Fouché rencontre la comtesse de ***, qui l'aborde sans façon et lui dit d'un ton courroucé :

— Monsieur, vous avez fait répandre le bruit que j'étais payée par la police, c'est une infamie !

— Madame, répond le ministre en élevant la voix pour être mieux entendu des personnes qui se pressaient dans le couloir du théâtre, je n'ai jamais dit que vous fussiez payée par la police, et, si cela était, je connais trop mon devoir pour le dire jamais.

Après une explication aussi claire, le salon de la comtesse de *** fut pour toujours perdu de réputation. Elle ferma sa maison, et se retira en province. C'était ce qu'avait voulu Fouché.

— Eh bien! sire, demandait-il à l'empereur quelques mois après, Votre Majesté a-t-elle reçu quelques nouveaux rapports concernant la société de madame de ***, celle de la rue Saint-Dominique?

— Elle ne reçoit plus depuis long-temps, m'a-t-on dit.

— C'est vrai, sire, elle a même quitté Paris.

— Oui, je crois qu'on me l'a dit aussi.

Et après un moment de silence :

— Comment vous y êtes-vous pris pour obtenir un si beau résultat? Je serais curieux de le savoir.

— Pardon, sire, mais c'est là mon secret. Si je le disais à Votre Majesté, elle pourrait se passer de ministre de la police, et, ma foi...

— C'est juste, répondit l'empereur en souriant, ce n'est pas à moi à lui faire concurrence : nous y perdrions trop l'un et l'autre.

Le Bouquet de Noces.

Une des manies de Napoléon était d'improviser des mariages et de mener ces sortes d'affaires avec une promptitude sans exemple. Malheureusement, toutes celles de ce genre qu'il arrangea ne tournèrent pas aussi heureusement qu'il l'aurait désiré, bien qu'il prît lui-même le soin de doter magnifiquement les époux. Le cadeau de noces obligé, qu'il se chargeait toujours d'offrir à la mariée, était donné avec cette délicatesse et ce bon goût qui distinguaient ses procédés intimes. La veille du mariage de celui de ses aides de camp qu'il aimait peut-être le plus, le général Rapp, cet officier était de service auprès de sa personne. Napoléon lui dit d'un ton badin, le soir à son coucher, après lui avoir donné *l'ordre*, c'est-à-dire la dernière consigne :

— Maintenant, j'espère que tu ne vas pas oublier que c'est demain que tu te maries?

— Oh! certainement, non, sire.

— Je te donne un congé de vingt-quatre

heures, parce qu'il faut que chacun fasse ses affaires ; mais après-demain matin j'entends que tu reprennes ton service auprès de moi... Tu me présenteras ta femme ensuite. A propos, j'allais l'oublier ; tiens, tu lui donneras ce bouquet : c'est mon bouquet de noces. Tu diras à ta future que c'est de la part d'un de tes meilleurs amis ; tu ajouteras que s'il n'a pas fait choix de fleurs naturelles, ce n'a été qu'afin que ce bouquet se conservât plus longtemps. Et puis, avant de te mettre au lit, informe-toi si les postes de mes *vieux lapins* sont bien chauffés, s'il y a de l'eau dans les bidons ; il gèle aujourd'hui : l'administration du chauffage fait son service tout de travers, je ferai laver la tête à l'entrepreneur. Bonsoir.

Le lendemain, après avoir admiré ces fleurs artificielles dont la fraîcheur et la délicatesse l'eussent disputé à la nature même, la jeune mariée déroula le papier qui les entourait, et vit que ce bouquet était attaché par une chaîne composée d'un nombre infini de perles fines, séparées, de distance en distance, par de gros brillants entourés de turquoises et de rubis d'Orient : c'était le plus galant joyau qu'on pût imaginer; mais Rapp fut moins touché de ce riche cadeau, pour sa future, que de ces paroles que Napoléon lui avait adressées la veille : *Dis à ta femme que c'est de la part d'un de tes meilleurs amis.* Voilà quel était, pour le général, son véritable présent de noces.

Fatalité.

L'Empereur disait un jour, en parlant d'un homme qui avait été toute sa vie constamment malheureux :

— Il serait tombé sur le dos que je crois qu'il se serait cassé le nez.

La Cavalerie marine.

A peine s'était-il installé au camp de Boulogne, en 1805, que Napoléon reçut un grand nombre de projets qui tous avaient pour but les moyens d'effectuer, plus sûrement et plus promptement, la descente en Angleterre. Dans l'un on lui indiquait la manière de repousser les boulets de canon, au moyen de matelas de laine ou de bourre dont il aurait fait garnir l'extérieur de ses vaisseaux; dans l'autre, il était question de grandes cloches de verre sous lesquelles un ou plusieurs soldats pouvaient se mettre à l'abri pour passer le détroit. Les hommes à projets obstruaient les avenues du quartier-général, devenu de jour en jour d'un accès plus difficile; car Napoléon n'accordait plus d'audience particulière qu'elle ne lui parût suffisamment justifiée. Parmi ces faiseurs de projets, il faut citer M. Quatremère-Disjonval, frère de M. Quatremère de Quincy, dont le nom devint européen après la restauration, comme secrétaire perpétuel de l'Académie des Sciences et des Beaux-Arts. M. Disjonval avait enfin trouvé le moyen de faire arriver une partie de l'armée en Angleterre sans qu'elle eût à craindre ni les bourrasques, ni les attaques. Déjà l'auteur de ce fameux projet avait été poliment éconduit par la plupart des chefs de l'armée ; mais, lui, ne s'était pas tenu pour battu. Napoléon une fois à Boulogne, il avait songé à Davoust, qui ne l'avait jamais vu et qui ne le connaissait pas. Il alla donc trouver le maréchal à Ostende, et lui présenta son mémoire au moment où il achevait d'inspecter la magnifique division commandée par le général Friant, en lui adressant ce compliment qu'il avait adressé déjà à tous les autres chefs de corps de l'armée.

— Monsieur le maréchal, les choses grandes et gigantesques ne peuvent être comprises que par des hommes comme vous ; voilà pourquoi je viens trouver votre excellence, de préférence à tout autre.

Le lendemain, Davoust demandait à son état-major :

— Quel est l'homme qui m'a remis un mémoire hier pendant la revue ?

— Monsieur le maréchal, c'est M. Quatremère-Disjonval, un savant, répondit l'aide-de-camp.

— Il y a de fort bonnes choses dans ce mémoire. Quoique je ne connaisse pas personnellement l'auteur, lorsqu'il se présentera à ma baraque, vous lui remettrez ce manuscrit avec cette lettre de recommandation pour l'empereur, qui, j'en suis certain, goûtera son projet.

A quelques jours de là, Napoléon, rentrant une après-midi à la baraque impériale, trouve près de la porte M. Quatremère, qui l'attendait pour lui présenter la lettre du maréchal. L'empereur y jette les yeux, et dit au solliciteur avec bienveillance :

— Mais, monsieur, ce n'est pas tout : d'après ce que je vois, vous avez encore quelque chose à me remettre ?

— C'est vrai, sire ; *les choses grandes et gigantesques ne peuvent être comprises que par des hommes comme Votre Majesté ; voilà pourquoi je prends la respectueuse liberté de m'adresser à elle, de préférence à tout autre.*

Napoléon fit une légère inclination de tête. M. Disjonval lui remit, avec un humble salut, un gros rouleau de papier doré sur tranche et élégamment orné de faveurs bleues, roses et blanches, en disant :

— Sire, le moyen que je propose est le

seul pour faire arriver sans péril la brave armée de Votre Majesté en Angleterre. Le procédé n'est pas ordinaire, mais il est économique. Sire, je supplie Votre Majesté de lire attentivement ce projet, qui doit donner à la science de l'histoire naturelle une impulsion immense.

Napoléon jeta à M. Disjonval un regard de défiance ; on lui avait déjà présenté tant de projets !... Mais bientôt sa figure reprit son calme ordinaire, et, reculant de deux pas :

— C'est bien, monsieur, répondit-il ; je le lirai avec attention.

Et il fit un petit salut de la main.

Le soir, après avoir parcouru la volumineuse correspondance venue de Paris, et signé le travail de la journée, l'empereur, debout devant la cheminée de son cabinet, lut avec étonnement ce qui suit : « Enfin le moment est venu de conquérir l'élément perfide de l'eau, et d'en faire servir les habitants à la gloire de la nation française ! Si le bœuf laboure pour l'homme, si le chien chasse pour lui, si le cheval le porte au milieu des combats, si l'homme,

» en un mot, a su rendre tous les animaux
» de la terre tributaires et esclaves de sa puis-
» sance et de sa volonté, pourquoi n'essaye-
» rait-il pas de dresser à une pareille obéis-
» sance certaines classes de poissons, et no-
» tamment les marsouins? »

— Oh! oh! fit l'empereur en rapprochant les bougies placées sur le manteau de la cheminée, voilà du nouveau! Où diable veut-il en venir avec ses marsouins?

Et ayant aspiré longuement une prise de tabac, il continua sa lecture. « Ce cétacé
» n'est autre que le dauphin dont parlent les
» anciens, etc. »

Sans citer davantage le texte de ce mémoire, qui n'avait pas moins de trente pages d'une écriture fine et serrée, nous dirons que l'auteur invoquait le témoignage de l'histoire naturelle de tous les temps et de tous les pays, pour prouver l'intelligence des animaux; il concluait que le poisson n'était pas plus *bête* que le chameau, le cheval, l'éléphant et même le serin. « Puisqu'on les ap-
» privoise facilement, disait-il, pourquoi
» n'apprivoiserait-on pas de même les pois-

» sons? » Puis il citait les médailles d'Athènes qui représentent le Pyrée avec un dauphin portant un homme sur son dos. Enfin il proposait sérieusement de dresser une certaine quantité de dauphins, autrement dit de marsouins, à porter chacun, à cheval sur son dos, un tirailleur ou un fusilier de la garde. « Rien n'est plus facile, disait-il : tandis que » l'armée est cantonnée sur le bord de la » mer, on peut employer les marins de la » flottille à pêcher des marsouins que l'on » parquera ensuite dans les bassins du port. » Là, on pourra les apprivoiser et leur don» ner des instructeurs ! Voilà, ajoutait M. Dis» jonval (sans doute dans le ravissement que » lui causait sa découverte), voilà une cavale» rie marine toute formée pour passer en An» gleterre ! »

Ce n'est pas tout : dans des notes particulières, il décrivait fort minutieusement comment on devait s'y prendre pour habituer le marsouin à la bride et au mors ; en définitive, il indiquait tout l'équipement du dauphin, car il tenait à ce nom poétique. Il avait même prévu le cas où le marsouin, une fois en route, c'est-à-dire en pleine mer, viendrait à rencontrer quelques vieux amis avec lesquels il sentirait le besoin de renouer connaissance : dans ce cas, le plongeon du cavalier et de la monture eût été inévitable. Pour obvier à cet incident, M. Disjonval proposait d'ajouter à l'équipement du *marsouin-cheval* deux énormes vessies gonflées d'air et attachées à l'arçon de la selle pour remplacer les fontes de pistolets... Tel était en résumé le contenu du mémoire, que Napoléon ne lut pas jusqu'au bout ; croyant même que l'auteur avait voulu le mystifier, il jeta le manuscrit loin de lui. Dans un premier mouvement, il avait mis la main sur le cordon d'une sonnette afin de donner des ordres sévères à l'égard du malencontreux auteur, lorsque, se prenant bientôt à sourire de pitié, il ramassa le cahier en disant :

— Bah ! c'est un fou ! ne nous montrons pas plus fou que lui.

Et il jeta le manuscrit au feu. Le lendemain matin, après avoir visité les travaux comme à l'ordinaire, il ramena avec lui pour déjeûner l'amiral Bruix, le maréchal

Davoust, qui revenait d'Ostende, l'ingénieur en chef des ponts-et-chaussées Sganzin, et le général Faultrier, qui commandait le matériel de l'artillerie ; il leur dit d'un air de mystère, tandis qu'il était encore à table avec eux :

— Parbleu ! messieurs, vous seriez bien étonnés si je vous présentais un de ces jours un escadron de tritons parfaitement équipés, montés et disciplinés ! Vous avez beau faire creuser des bassins, couler des canons ; personne de vous, je gage, n'a encore songé à lever un régiment de cette espèce-là ? Qu'en dites-vous, Davoust ?

A ces mots, tous les convives se regardèrent sans trop savoir ce qu'il fallait penser, excepté pourtant le maréchal, qui baissa la tête en se pinçant les lèvres.

— Oui, reprit l'empereur d'un ton badin, un régiment de *cavalerie marine* imperméable et incombustible.

Et il raconta en souriant quel étrange projet lui avait été soumis la veille. Dès les premiers mots, Bruix rit aux éclats ; Sganzin parut réfléchir et Davoust resta impassible.

— Sire, dit le général Faultrier, saisi d'une sainte indignation, Votre Majesté ne peut permettre qu'on se moque journellement de nous avec autant d'audace ; l'auteur de ce stupide projet doit être livré à la gendarmerie et conduit de brigade en brigade à Paris pour....

— Pour être enfermé à Charenton, n'est-ce pas, général ? interrompit Napoléon avec vivacité. Et pourquoi ? parce qu'il a un petit coup de marteau sur la tête !... Parbleu, ajouta-t-il en jetant un regard sévère au maréchal, s'il me fallait faire enfermer tous ceux qui viennent ici me présenter leurs idées saugrenues et leurs projets absurdes, il me faudrait ajouter une aile de plus à mon château de Vincennes. Il n'y a qu'une chose à faire, ce me semble : c'est d'engager doucement l'auteur du projet amphybie à s'occuper un peu moins de nos affaires et un peu plus de sa santé.

❧

D'un Boulet de canon, d'une Tabatière d'or et d'une Croix de la Légion-d'Honneur.

A une des batteries situées sur la rive, au camp de Boulogne, à l'aide de sa longue-vue, Napoléon contemplant les feux et la belle résistance du vaisseau amiral anglais, demanda à un lieutenant d'artillerie :

— Croyez-vous, jeune homme, que les artilleurs de ce bâtiment soient anglais?... Moi, je ne le pense pas.

Le lieutenant fit un signe affirmatif. Au même instant, un des boulets lancés par la frégate vint à passer à dix pieds au-dessus de la tête de Napoléon avec un ronflement terrible, et alla s'enterrer dans une petite butte située à cent pas derrière lui.

—Non ! reprit Napoléon, qui avait tourné la tête pour suivre l'effet du boulet, ces artilleurs ne sont pas anglais. Ah ! ah ! reprit-il ensuite en apercevant un canonnier qui manœuvrait à l'une des pièces avec une vigueur et une précision remarquables, il paraît que je suis ici en pays de connaissance !

Et tandis qu'il parlait ainsi, le canonnier achevait de charger sa pièce, et, d'une seule main, ayant fait faire le moulinet au refouloir pour rafraîchir l'écouvillon dans le petit seau, avait repris vivement sa position de *premier servant de droite.*

— Bravo ! M. Pomayrol, lui dit Napoléon en lui frappant familièrement sur l'épaule; je vois que vous vous y entendez !

L'artilleur tourna la tête, et, reconnaissant l'empereur, s'écria avec joie :

— *Tron de Diou!* sire, c'est vous ! Comment que vous vous portez ?

— Très-bien, mon brave. Tu es bien occupé, à ce que je vois ?

— Bagasse ! je m'en flatte. Le four chauffe, en attendant que nous les fassions bouillir, les autres là-bas, hé donc !

Le coup partit et emporta avec lui le pavillon d'un des bricks ennemis, qui tomba sur ses agrès.

— Rapp, dit Napoléon en se retournant pour désigner à son aide de camp celui des artilleurs qui avait pointé le coup, donne vingt francs à cet homme.

Rapp n'avait sur lui qu'un double louis : il le donna.

— Allons, reprit aussitôt Napoléon en s'adressant aux artilleurs, qui veut gagner vingt francs pour boire à ma santé? Voilà une des frégates qui s'avance.

— *Tron de Diou!* c'est moi qui pointe! s'écrie Pomayrol; c'est à mon tour.

— Si tu fais une politesse à cette frégate, qui a l'air de se moquer de toi, je te donne quarante francs.

— Eh donc! c'est comme si je les tenais, je m'en flatte!

— Oh! oh! tu ne les tiens pas encore, tu seras trop maladroit!

— *Tron de Diou!* vous allez lui voir descendre son beaupré, et un peu vite, à ce brigand-là! Attention, vous autres!

La pièce a été chargée, Pomayrol a pointé, et les servants sont à leur poste.

— Allons, maintenant, fâche-toi, ma petite poulette, dit Pomayrol en parlant de sa pièce et en faisant signe au canonnier qui tient la lance.

Celui-ci fait feu, le grand mât de la frégate

tomba coupé en deux par le boulet; Pomayrol bat aussitôt un entrechat en s'écriant :

— Eh donc! bagasse!

— Bravo! s'écrie Napoléon en frappant des mains avec une sorte de ravissement. Rapp, donne cent francs à ce gaillard-là.

— Sire, répond l'aide de camp avec un signe de tête qui veut dire qu'il n'a plus d'argent.

— Comment! plus d'argent! mais il m'en faut, reprend Napoléon avec impatience, en promenant ses mains sur toutes ses poches. Pourquoi ne m'en avoir pas demandé ce matin avant de partir?

— *Tron de Diou!* sire, ne vous fâchez pas contre ce brave homme; j'aime mieux lui faire crédit toute ma vie, bagasse!

— Tiens, prends! dit Napoléon en présentant au marin sa tabatière d'or, qui était le seul objet qu'il eût trouvé dans la poche de sa veste.

Pomayrol n'osait avancer la main.

— Prends donc, te dis-je; seulement fais en sorte que les Anglais ne te la prennent pas.

La Tabatière d'or.

p. 50.

— Bagasse ! me la prendre, à moi !... s'écria celui-ci en serrant les poings ; je l'avalerais plutôt, fût-elle rouge comme les boulets qui mitonnent là-bas, *tron de Diou !*

— Voilà que tu te fâches aussi, reprit Napoléon en souriant ; calme-toi : j'espère que tu n'en seras jamais réduit là. Puis, s'adressant aux autres artilleurs : Continuez comme vous le faites, je vous réponds qu'avant la fin de l'année prochaine, vous boirez à Londres à ma santé avec le rhum de messieurs les Anglais.

Quelques jours après, Napoléon distribua aux braves du camp de Boulogne, en échange des armes d'honneur qu'ils avaient obtenues précédemment, la croix de la Légion-d'Honneur. Notre canonnier Pomayrol fut du nombre de ceux à qui cette distinction devait être accordée. Lorsque son tour fut venu et qu'on appela son nom, il répondit d'une voix de Stentor :

— Présent, *tron de Diou !*

Puis, sortant des rangs comme un homme ivre, bien qu'il fût à jeûn, il prit une sorte d'élan, arriva au pied du trône, fit voler son chapeau en l'air, et, se trompant d'escalier, se trouva nez à nez avec le contre-amiral Magon, devant lequel il resta planté comme un terme, sans prononcer une parole, jusqu'à ce que des officiers-généraux lui eussent expliqué ce qu'il devait faire; mais le brave marin était hors d'état de comprendre : il avait tout-à-fait perdu la tête. Il descendit l'escalier de gauche et monta celui de droite, sans voir les personnes qui étaient devant lui : les jambes lui tremblaient comme à un criminel qui monte à l'échafaud. Il arriva si brusquement aux derniers degrés, qu'il fit faire une pirouette à Cambacérès, qui causait tranquillement avec Monge. Enfin, quand l'empereur, qui lui sourit d'une façon toute particulière, leva le bras pour lui attacher la décoration, Pomayrol, se trompant sur le but de ce geste, saisit sa main, que Napoléon lui abandonna volontiers, et la lui secoua en prononçant un : *Eh donc! je m'en flatte!* qui dut meurtrir les doigts de l'empereur. Puis il se retira sans se tromper d'escalier, mais en enjambant quatre ou cinq marches à la fois et en renversant tout ce qui se trouva sur son passage. Arrivé au bas des degrés, il reprit sa course et rentra dans les rangs de ses camarades comme un régiment de cuirassiers qui charge à fond sur un carré d'infanterie. Là, Pomayrol tomba sans connaissance; on le fit revenir à lui à l'aide de quelques gorgées d'eau-de-vie, dont les gourdes étaient abondamment pourvues ce jour-là.

Le Bal et les Courses.

Une des choses les plus frappantes et les plus caractéristiques dans le spectacle qu'offrait journellement le camp de Boulogne, était de voir ces vieux soldats, si terribles devant l'ennemi, se livrer aux amusements les plus innocents et les plus paisibles, comme eussent fait des enfants. Presque tous les soirs, les grenadiers de la vieille garde se rassemblaient sur la vaste pelouse qui entourait la baraque de l'empereur. Le caporal Morland, qui joignait à sa qualité de prévôt d'armes celle de maître de danse, prenait alors son violon, monté quelquefois, comme celui de Paganini, avec deux ou trois cordes seulement, et donnait des leçons de danse à quelques-uns de ses camarades, en accompagnant leurs *jetés battus* et leurs *assemblés* du son criard de son instrument, dont, au dire du facétieux Pomayrol, il savait tirer *des accords de tron de Diou à faire tourner une sauce blanche.* Quant au brave marin, il avait aussi certaines prétentions à savoir exécuter avec grâce les *ailes de pigeon;* et, plus d'une fois, ses succès empêchèrent Morland de dormir et lui donnèrent l'idée d'ajouter, avec son demi-espadon, une boutonnière de plus à sa veste; mais il savait aussi que Pomayrol n'était pas homme à rompre d'une semelle. Et puis, une telle affaire fût devenue une collision sanglante entre les marins et les grenadiers de la garde, et celle-là ne se fût pas terminée comme celle qu'ils avaient eue précédemment avec les *relintintins.* Morland se contenta donc de dire que la danse de M. Pomayrol serait *intempestible* et *incohérente* dans une société bourgeoise.

Une fois la leçon de danse terminée, les plus savants exécutaient un quadrille complet, depuis la figure du *pantalon* jusqu'à *la finale*, pour laquelle Pomayrol n'oubliait jamais de dire aux danseurs :

— Eh donc! en avant deux, les quatre ensemble, bagasse !

— Et du pied gauche *inclusivement!* ajoutait Morland, jaloux qu'un autre se permît de donner des conseils à ses élèves.

Comme il n'y avait pas de danseuses, et qu'il fallait bien que ce rôle fût rempli, afin d'établir la distinction des sexes, ceux qui figuraient les dames relevaient leurs manches jusqu'au coude, ôtaient leurs cravates, se rabattaient le collet sur les épaules et, tenant délicatement entre le pouce et l'index les basques de leur habit, qu'ils écartaient un peu en arrondissant les bras, faisaient des pas plus petits et se tenaient un peu plus raides que les autres, les yeux pudiquement baissés.

Ces jeux amusaient beaucoup l'empereur, qui y assistait quelquefois, placé qu'il était derrière la jalousie de la salle à manger de sa baraque. Personne ne semblait plus heureux que lui lorsqu'un de ses vieux sapeurs de l'armée d'Italie ou d'Égypte, à la barbe grisonnante, au teint hâlé, aux joues creuses, aux jambes sèches, avec la douceur et la complaisance qui les distinguaient, consentait, pour se rendre utile et agréable à ses camarades, à remplir le rôle de danseuse. Il fallait voir le paisible grognard figurer *la poule* avec Pomayrol, qui riait, criait, s'agitait, battait d'effrayants entrechats à tort et à travers, toujours hors de mesure, en donnant des coups de pied à droite, des coups de coude à gauche, à la grande désolation de Morland, que l'outre-cuidance de son antagoniste navrait et scandalisait profondément; car la danse du Provençal n'avait rien de classique, et se rapprochait beaucoup de la fameuse *cachucha* moderne. L'empereur riait alors à se tordre; il était vraiment heureux de la joie de ses soldats bien-aimés.

D'autres fois, ses *vieilles moustaches*, qui savaient par cœur tous les couplets de circonstance, venaient chanter sous ses fenêtres *la Descente en Angleterre*, et répétaient ce refrain de l'un d'eux :

> Traverser le détroit
> N'est pas la mer à boire !

Alors ils se tenaient tous par la main et formaient autour de la baraque impériale un rond immense, composé souvent de tous les hommes d'un bataillon, en entremêlant leurs couplets des cris de *vive l'empereur !* A cette acclamation, tous s'arrêtaient et demeuraient fixes et immobiles comme s'ils eussent été sous les armes ; puis ils recommençaient, en partant du pied gauche, selon l'ordonnance de l'école de peloton, et au commandement de Morland, qui était toujours leur chef de file. Napoléon leur faisait souvent distribuer des rafraîchissements : une bouteille de vin pour deux hommes.

De leur côté, les marins de la garde n'avaient pas voulu rester oisifs. Ils avaient imaginé de monter des petits canots sur des roulettes, avec un long mât et une large voile ; et, lorsque le vent était favorable, ils naviguaient à sec sur le bord de la mer. Des officiers d'état-major s'amusaient à suivre à cheval ces embarcations terrestres, que rarement ils parvenaient à atteindre. Lorsque le vent venait tout-à-coup à changer, les canots chaviraient sur le sol; les marins et les grenadiers qui les montaient roulaient pêle-mêle les uns sur les autres sur le sable, aux éclats de rire et aux battements de main des *relintintins* de la ligne, modestement réduits à faire galerie.

Cette manie de courir devint si vive et si générale que les soldats firent entre eux des courses à pied. Napoléon, qui voyait avec plaisir son armée se livrer à des jeux et à des exercices qui ne pouvaient qu'entretenir chez elle la vigueur et la santé, institua, pour les vainqueurs, des prix de 20, de 40 et même de 100 francs. Lorsqu'il s'agissait d'un défi entre plusieurs régiments, le prix était partagé proportionnellement entre les coureurs, selon le plus ou moins de vitesse des vainqueurs. Ces luttes de vélocité n'avaient guère d'autre inconvénient que de procurer des *points de côté* à deux ou trois cents hommes à la fois.

Il y eut aussi des courses à cheval pour la cavalerie légère. Les prix étaient de 100 à 300 francs. Napoléon voulut un jour que les officiers concourussent, et promit cette fois 1,200 francs au vainqueur. Un conseil, composé d'officiers supérieurs, fut chargé de régler les conditions de la course, et soumit ce réglement à l'empereur, qui l'approuva et indiqua lui-même le jour où elle aurait lieu. Ce fut à qui obtiendrait la faveur d'y figurer. Un jeune officier de dragons, nommé Thierry, se présenta pour être inscrit. Le conseil des officiers refusa de l'admettre, sous le prétexte qu'il n'était pas d'un grade assez élevé : il n'était en effet que sous-lieutenant ; mais le véritable motif était que Thierry passait pour être le meilleur écuyer de l'escadron. Piqué de ce refus injuste, le lieutenant s'adressa à l'empereur, qui, après avoir pris des informations sur son compte, et apprenant que ce jeune homme était fort estimé dans son régiment, lui permit de concourir.

Le grand jour arrive. Napoléon est présent, tous les concurrents sont rangés sur une même ligne : ils partent au signal donné. Thierry ne tarde pas à dépasser ses rivaux de beaucoup ; il va toucher au but, lorsqu'un maudit caniche vient, en aboyant, se jeter dans les jambes de son cheval, qui se cabre, s'abat, roule plusieurs fois sur lui-même avec son cavalier, qui semble collé à la selle et arrive ainsi le premier ; il reste là sans mouvement, couché sur la poussière. Tout le monde crut que le vigoureux animal était mort sur le coup et que son maître avait au moins bras et jambes cassés. Deux secondes après, un chef d'escadron qui suivait de près l'officier de dragons arrive au but et est proclamé vainqueur. Pendant ce temps, le cheval tombé, ainsi que son cavalier, se relèvent tant bien que mal. Le jeune Thierry se dispose tristement à s'éloigner, un peu consolé cependant par les marques d'intérêt que lui donnent les spectateurs, lorsque Napoléon s'écrie :

— Mais pas du tout! c'est le *tombé* qui doit avoir le prix.

Les juges de la course, qui l'entourent, lui font respectueusement observer que cet officier n'a pas suivi le programme, et que rouler avec son cheval n'est pas courir.

— Il ne s'agit pas de cela, répliqua l'empereur ; ce ne sont pas les moyens qu'il faut examiner ici : c'est la fin ; or, la fin justifie les moyens.

— Certainement, sire ; cependant...

— Cet officier est arrivé le premier avec son cheval, il doit avoir le prix ; je ne sors pas de là !

— Mais, sire, Votre Majesté...

— C'est peut-être la méthode de messieurs les dragons, interrompit encore l'empereur, de courir de cette façon ; et vous, messieurs, qui prétendez que notre système d'équitation est vicieux, vous qui voulez sans cesse introduire des innovations dans l'*école d'escadron*, eh bien ! en voici une ! Vous n'aviez pas songé à celle-là, ni moi non plus, je l'avoue. Au surplus, il est un moyen bien simple de concilier les choses : quel est l'unique but d'une course ? demanda-t-il au général qui remplissait les fonctions de président, n'est-ce pas de faire arriver un cheval avant les autres à un point indiqué ?

— C'est vrai, sire; cependant je crois que...

— Général, répondez par oui ou par non: le cheval de l'officier de dragons est-il arrivé avant celui du chef d'escadron?

— Oui, sire; mais...

— Cela suffit. Or, puisqu'il est bien convenu que c'est le cheval de Thierry qui a gagné le prix de la course, c'est au cheval qu'on donnera les 1,200 francs. Seulement, comme le cheval ne saurait donner un reçu de cette somme, parce qu'il faut que les choses se fassent toujours régulièrement, ajouta-t-il en tâchant de garder son sérieux, son maître donnera le reçu, et on lui donnera les espèces en échange. Puis, s'adressant au grand-maréchal du palais : Duroc, vous ferez compter entre les mains du lieutenant Thierry, car je le fais lieutenant, la somme de 1,200 francs. Adieu, messieurs.

Et tout le monde cria *vive l'Empereur!* et félicita le nouveau lieutenant d'une si heureuse chute. Napoléon, en agissant ainsi, avait voulu indemniser le jeune Thierry du refus qu'il avait éprouvé d'abord et du fâcheux accident qui avait failli lui coûter la vie, en même temps qu'il donnait une leçon à des officiers supérieurs qui s'étaient montrés injustes et jaloux envers un subordonné.

Ces divers amusements donnèrent à Napoléon la fantaisie d'essayer son adresse en faisant lui aussi, autour de sa baraque, des courses en calèche attelée de quatre chevaux qu'il voulut conduire lui-même à *grand'-guides*, selon l'expression didactique. Il se plaça donc un jour sur le siége et prit les rênes des mains de César, son cocher, qui monta derrière la voiture, où étaient assis l'archichancelier Cambacérès, le sénateur Monge et Rapp, l'aide de camp de service. Malheureusement ces chevaux, qui lui avaient été offerts tout récemment par la ville d'Anvers, bien que magnifiques et de la plus belle race, n'étaient pas encore parfaitement dressés. César lui-même, malgré sa longue expérience, avait besoin de toute son habileté pour les conduire. Jeunes et ardents, lorsqu'ils ne sentirent plus la main à laquelle ils étaient accoutumés d'obéir, ils partirent au grand galop et en droite ligne vers la mer.

César, voyant la dangereuse direction que suivaient *ses bêtes*, criait à l'empereur :

— Sire, à gauche! appuyez à gauche, sire! rendez la main à la seconde guide du *petit gris*.

— Laissez, laissez, César, je suis à mon affaire, lui répondait l'empereur, qui déjà n'était plus maître des chevaux.

— Ah! mon Dieu! sire, où va Votre Majesté? s'écriait Cambacérès, qui, de pâle qu'il était habituellement, était devenu jaune comme un citron.

— Vous, Cambacérès, vous avez toujours peur. Je sais ce que je fais : je vous mène très-bien.

— Certainement, monseigneur, reprit Rapp, qui s'inquiétait peu de rassurer l'archi-chancelier, Sa Majesté l'empereur, cette fois, nous mène tout droit en Angleterre : n'est-ce pas ce que nous désirons tous depuis long-temps?

— Sire, arrêtez! arrêtez! continuait Cambacérès d'un ton lamentable, en voyant l'empereur qui, de dépit, fouettait encore les chevaux.

Quant à Monge, la tête baissée et les yeux fermés, il faisait ses réflexions tout bas, et, se cramponnant à une des portières de la voiture, et au moment où il disait tristement :

Il excelle à conduire un char dans la carrière,

un gros caillou se rencontra sous la roue de la calèche, qui versa lourdement. Les chevaux s'arrêtèrent aussitot. Napoléon, lancé avec violence à dix pas sur le sable, s'évanouit ; Cambacérès se fit une bosse énorme au front ; Monge eut son chapeau enfoncé jusqu'au menton... César avait été laissé en route.

Rapp sauta lestement à terre pour courir au secours de l'empereur, qui ne revint à lui que lorsqu'on lui eut frappé plusieurs fois dans les mains. Tout le monde, excepté l'aide de camp, avait été rudement froissé ; toutefois, personne ne put s'empêcher de rire lorsque l'empereur remit le fouet à son cocher, en lui disant le plus sérieusement du monde :

« Il faut rendre à César ce qui appartient à César. »

Et plus tard, lorsqu'on lui demanda l'impression qu'il avait éprouvée au moment de sa chute, il répondit :

— Je me suis cru mort un moment; mais qu'est-ce que la mort?... reprit-il après un silence : un long sommeil sans rêve.

Le Mémoire acquitté.

Avant de quitter Boulogne, à la fin de septembre 1805, pour commencer la glorieuse campagne d'Austerlitz, Napoléon donna des ordres au grand-maréchal afin que toutes les fournitures faites au camp pour son compte particulier fussent payées. Parmi les débiteurs, se trouvait l'ingénieur Saustris, qui avait été chargé, en même temps, de construire et de décorer la baraque impériale. Ce chapitre de *décorations* s'élevait, dans le mémoire qu'il présenta au grand-maréchal, à une somme ronde de 30,000 fr.

Duroc fut effrayé de ce chiffre, et n'osa prendre sur lui de payer cette dépense sans en avoir préalablement parlé à l'empereur, quoique l'ingénieur lui donnât l'assurance qu'aucun des articles indiqués sur sa note n'avait été exagéré, parce qu'il n'avait fait que suivre les instructions données par l'architecte; il ajouta même qu'il avait longtemps débattu les prix avec les artistes qui en avaient été chargés.

— Vous vous en expliquerez avec l'empereur, lui avait répondu Duroc; quant à moi, je ne puis rien prendre sur moi.

En effet, le lendemain, à sept heures du matin, un valet de pied vint prévenir l'ingénieur que Sa Majesté l'attendait. M. Saustris arrive à la baraque impériale. Il est aussitôt introduit par l'aide de camp de service dans la salle du conseil, où il trouve Napoléon occupé, non à *éplucher* son mémoire, mais à suivre des yeux, sur une immense carte d'Allemagne étalée sur la table, les opérations de la campagne dont il avait dicté le plan à Daru quelques jours auparavant.

— Ah! ah! c'est vous, monsieur l'ingénieur, dit Napoléon en se relevant, car il était presque couché sur cette carte; quelle idée avez-vous eue de dépenser tant d'argent pour décorer une misérable barraque?

— Sire, je n'ai fait que suivre de point en point les instructions de l'architecte de Votre Majesté.

— Comment! 30,000 fr. pour ces brimborions-là! J'en suis bien fâché, monsieur, c'est trop cher! ajouta-t-il en se penchant de nouveau sur la carte. Me prend-on pour un grand seigneur d'autrefois? 30,000 fr.! répétait-il encore en suivant du doigt l'itinéraire qu'il traçait. Je passe la Vistule à Warsovie... Si les Russes viennent à moi, je les écrase... Un tas de petites fanfreluches dorées! Avant qu'ils n'aient eu le temps de repasser le Danube, il n'y aura plus d'armée russe! S'ils osent m'attendre, je fais main-basse sur eux, entre Augsbourg et Ulm!... Les architectes sont la ruine des empires!... Et ce vieux maréchal Mack qui s'en mêle aussi! il verra, celui-là!... Jamais il ne m'arrivera de payer si cher des colifichets inutiles!

— Sire, dit l'ingénieur, le nuage d'azur qui forme le plafond de cette salle et qui entoure l'étoile tutélaire de Votre Majesté a coûté 8,000 francs il est vrai ; mais si j'avais mieux consulté les convenances, l'aigle impérial qui va de nouveau foudroyer les ennemis de la France, sire, eût étendu ses ailes sur un nuage d'or, parsemé d'étoiles de diamants.

— Eh ! eh ! fit l'empereur en se redressant tout-à-coup ; c'est fort bien ce que vous dites là, monsieur l'ingénieur ; j'accepte volontiers cet augure ; mais je ne vous payerai pas, du moins quant à présent. Je payerai ce compte sans en rabattre un sou, avec les risdales de l'empereur d'Autriche et les roubles d'or de son frère de Russie : voyez si vous voulez attendre jusque là.

L'ingénieur s'inclina respectueusement.

— Sire, dit-il, j'accepte d'autant mieux la proposition que Votre Majesté daigne me faire, que c'est comme si j'avais cet argent dans ma poche ; seulement j'attendrai.

— Oh ! pas aussi long-temps que vous pouvez le penser, monsieur l'ingénieur ; ainsi c'est dit : après la campagne.

Et d'un geste bienveillant ayant congédié M. Saustris, Napoléon dirigea toute son attention sur la carte qui était restée étalée devant ses yeux.

Deux mois après M. Saustris, qui avait fait la campagne d'Austerlitz en qualité d'ingénieur des communications militaires, était mandé au quartier-général de l'empereur, établi à Brunn : c'était le surlendemain de la bataille.

— Monsieur l'ingénieur, lui dit Napoléon, je suis enchanté de vous voir ici : vous aviez bien deviné lorsque nous étions encore à Boulogne. Or, comme un honnête homme n'a que sa parole, et qu'un souverain doit être le plus honnête homme de son royaume, les 30,000 francs qui vous sont dus pour ma baraque de là-bas vont vous être payés.

Et sur un signe de Napoléon, Duroc alla prendre, dans une espèce de coffret en acajou garni de coins en cuivre, plusieurs rouleaux qu'il posa sur le bureau devant lequel l'empereur était assis.

— Trente, dit Napoléon, c'est bien cela.

Il brisa un de ces rouleaux, et des risdales tombèrent çà et là. Il en brisa un autre, et cette fois ce furent des roubles d'or qui tombèrent sur le tapis.

— Vous voyez que je suis de parole, reprit-il en souriant, examinez si le compte y est.

Comme M. Saustris se retirait en s'inclinant, Napoléon lui dit en lui rendant son salut :

— Ce n'est pas moi que vous devriez remercier, monsieur l'ingénieur, c'est l'empereur d'Autriche et l'empereur de Russie.

Une Séance littéraire aux Tuileries.

Avant d'aller offrir sa tragédie de la *Mort de Henri IV* aux comédiens du Théâtre-Français, Legouvé crut devoir en faire lecture à l'empereur, qui consentit à l'entendre. L'audience était accordée pour midi; l'académicien se rendit à Saint-Cloud, accompagné de Talma, qui devait lire la pièce. A leur arrivée, les sœurs de l'empereur et les dames qui les accompagnaient voulurent se placer dans le *salon bleu*, où devait avoir lieu cette séance littéraire. Chacune d'elles était empressée d'entendre un nouvel ouvrage de l'auteur du *Mérite des Femmes*; mais elles furent poliment éconduites par Napoléon, qui leur dit que c'était une réunion particulière, à laquelle il n'avait voulu admettre que l'impératrice et le grand-maréchal, et lui-même tira en dedans le petit verrou de la porte de ce salon, qui communiquait avec les grands appartements; puis, montrant un siége à Legouvé, il l'invita à s'asseoir. Celui-ci semblait hésiter, lorsque l'empereur lui dit avec une sorte de brusquerie tout empreinte de bienveillance :

— Ah çà, voulez-vous donc que je reste debout?

Talma commença de lire la pièce.

Aux pénibles confidences que Henri IV faisait à Sully des tourments sans cesse renaissants dont l'accablait l'altière Médicis, Napoléon, souriant gaîment à Joséphine, sembla la remercier de sa douceur et de son dévoûment inaltérables ; puis, au tableau de la vive affection qui unissait Henri IV à Sully, de ce bonheur si rare pour les souverains de pouvoir compter sur un ami véritable et sincère, Napoléon adressa de la main un geste bienveillant à Duroc, qui, debout, un bras posé sur le dos d'un fauteuil, suivait cette lecture avec la plus vive attention. Lorsque Talma prononça ce vers qui, dans la bouche du Béarnais, fait pressentir sa fin prochaine :

Je tremble, je ne sais quel noir pressentiment...

Napoléon interrompit la lecture en disant à Legouvé :

— J'espère que vous changerez cette expression : un roi peut trembler, c'est un homme comme un autre ; mais il ne doit jamais l'avouer.

Legouvé prit le manuscrit des mains de Talma, et fit aussitôt ce changement :

Je frémis... je ne sais..., etc.

Enfin, la conjuration tramée contre Henri s'achève, et le roi est frappé par le couteau que des moines fanatiques ont mis dans les mains de Ravaillac. Sully, éperdu de douleur et d'épouvante, vient faire le récit de l'attentat.

— Pauvre homme! excellent homme! prononça plusieurs fois Napoléon très-ému, tandis que Joséphine fondait en larmes. Vous avez bien fait, ajouta-t-il en s'adressant à Legouvé, de signaler les auteurs de ce crime exécrable. Il faut vous attendre à de nombreux débats littéraires; mais je prédis à votre tragédie un immense succès.

Cette lecture achevée, Napoléon parla au poète de ses autres ouvrages, et lui exprima l'intention qu'il avait d'accorder à ses talents la juste récompense qu'ils méritaient; mais Legouvé lui répondit modestement qu'il en avait recueilli tout le prix, puisqu'il était honoré de l'estime publique, et que déjà il était membre de l'Institut.

— Ainsi, vous ne voulez rien? lui demanda l'empereur en jetant sur lui un regard scrutateur; une pension ne peut même vous tenter? Vous n'êtes pas riche, cependant.

— Sire, j'ai l'honneur d'affirmer à votre majesté que je n'ai besoin de rien.

— Vous, mon cher Legouvé, vous êtes un véritable homme de lettres.

Le lendemain, l'empereur fit donner l'ordre aux comédiens du Théâtre-Français de jouer la pièce le plus tôt possible, en les prévenant qu'il assisterait avec l'impératrice à la première représentation. Huit jours après, l'affiche du théâtre l'annonçait pour le lendemain. Il paraît qu'à cette époque MM. les comédiens ne faisaient pas traîner en longueur les répétitions des ouvrages qu'ils avaient reçus.

La Balle avalée.

— Oui, sire, disait le maréchal Lannes à Napoléon; ce pauvre *** s'est fait une affaire, et il a une balle dans le ventre.

M. *** était un commandant des dragons de l'impératrice qui n'avait pas la réputation d'être très-brave. Napoléon le savait; aussi répondit-il au maréchal avec un air d'étonnement :

— Une balle dans le ventre ! lui, *** ! impossible !.... à moins cependant qu'il ne l'ait avalée.

Un Savant.

Quand on sait bien les choses, on aime à en parler. C'est ainsi que le célèbre Cuvier aimait à parler des sciences naturelles ; il en parlait très-bien, mais quelquefois un peu longuement. Napoléon, homme concis s'il en fut, écoutait avec plaisir ce savant, pourvu qu'il arrivât, sans trop de préambule, aux conclusions qu'il lui importait de connaître. Un jour que Cuvier, se trouvant faire partie d'une députation, était venu à Saint-Cloud pour complimenter l'empereur, à peine celui-ci l'eut-il aperçu qu'il alla droit à lui :

— Bonjour, monsieur Cuvier, lui dit-il du ton le plus gracieux ; je suis bien aise de vous voir. A propos, qu'avez-vous fait la semaine dernière à l'Institut ?

— Sire, nous nous sommes beaucoup occupés du suc de betteraves.

— Ah ! ah ! c'est bien. Et l'Institut pense-t-il que le sol de la France soit propre à la culture de la betterave ?

Pour répondre à cette question aussi simple que nettement posée, Cuvier, en véritable savant, entama une dissertation géologique sur le sol, puis passa à l'histoire naturelle de la betterave, et quand il vint à ses conclusions, l'empereur n'écoutait plus depuis long-temps. Le silence seul du professeur le fit s'apercevoir de sa distraction.

— C'est à merveille, monsieur Cuvier, lui dit-il; mais l'Institut pense-t-il que le sol de la France soit propre à la culture de la betterave ?

Le savant, jugeant qu'une préoccupation quelconque avait distrait l'attention de l'empereur, reprit sa dissertation *ab ovo* et la continua jusqu'au bout. Napoléon, qui n'en demandait pas si long, se mit à penser de nouveau à autre chose; puis quand Cuvier eût achevé de parler, il le salua avec ces mots :—Je vous remercie beaucoup, Cuvier. La première fois que je verrai Berthollet, je lui demanderai si ces messieurs de l'Institut pensent que le sol de la France soit propre à la culture de la betterave.

❧

A propos d'Austerlitz.

L'une des facultés les plus précieuses et les plus extraordinaires de Napoléon, était de pouvoir concentrer toute son attention sur un point donné. A Marengo, à Austerlitz, à Iéna, à Eylau, à Friedland, à Wagram, etc., il n'avait qu'une seule idée : la victoire. Cette victoire obtenue, sa pensée ressaisissait immédiatement tous les intérêts dont elle s'était séparée pour un seul; son caractère reprenait le dessus, et à la gravité silencieuse succédait chez lui l'entrain de propos et d'originalité qui lui était ordinaire. Il en était de même pour les affaires d'administration et de gouvernement.

Habituellement, la veille d'une bataille, avant de prendre un moment de repos, il passait dans la petite tente qui lui servait de cabinet, et faisait appeler le major général :

— Alons, Berthier, lui disait-il d'un air affairé, c'est demain le grand jour ; nous avons beau jeu ; expédions les ordres, il faut mettre le feu au pétard en attendant l'explosion de la bombe : écrivez.

Et le prince de Neufchâtel, assis à l'un des coins de la grande table des cartes, éclairée par vingt bougies, écrivait sous sa dictée les ordres nombreux à transmettre à chacun des chefs de corps de la grande armée.

Le lendemain, pendant l'action, Napoléon, constamment à cheval, se montrait partout, prévoyait tout, continuait d'ordonner tout, et ne quittait le champ de bataille que lorsque les résultats certains de la journée étaient connus.

Le soir, un grand nombre de dépêches se trouvaient entassées dans sa tente, parce qu'il n'avait pu, ce jour-là, donner une attention suivie à l'immense correspondance qu'il entretenait lorsqu'il était en campagne. Il chargeait ses secrétaires de la lire, d'y répondre et de lui faire le rapport de tout ce qu'elle contenait; puis il dictait ces sublimes bulletins qui apprenaient à la France qu'elle pouvait enregistrer dans ses annales un triomphe de plus. Aidé du duc de Bassano, il expédiait le travail journalier de chacun de ses ministres, sans perdre de vue, avec ses premiers lieutenants, la poursuite de l'ennemi et les avantages de la victoire. Enfin, le lendemain matin, il visitait le champ de bataille, accordait les éloges et les récompenses sur le terrain même, et ne regagnait son quartier-général qu'après avoir encouragé et consolé les soldats blessés. Ceux qu'il n'était pas possible de sauver, au moins les aidait-il à mourir, comme à Austerlitz, comme à Wagram.

Cette journée d'Austerlitz est bien l'un des plus beaux monuments de gloire de Napoléon. Là, comme en Italie, il battit l'ennemi avec l'infériorité du nombre et par la seule force de son génie. Le matin même, lorsqu'il vit la direction que prenaient les colonnes russes :

— Bon, dit-il à Lannes en se frottant les mains, je les tiens : ils font justement ce que je voulais.

Ce fut à Austerlitz que l'on vit pour la première fois des cuirassiers français charger sur les batteries ennemies.

Le soir de la bataille, Napoléon vint passer la nuit dans une chaumière abandonnée, sur la route de Brunn, au point d'embranchement avec la route d'Austerlitz. Malgré son extrême fatigue, il était en même temps si satisfait de la manière dont tout le monde avait fait son devoir qu'il fut d'une humeur singulièrement enjouée. Il ne refusait rien de ce qu'on lui demandait. Il invita à souper tous ceux qui se trouvaient là. Quand nous disons souper, nous voulons dire qu'on s'assit à sa table, où l'on ne servit pour tout menu que des pommes de terre bouillies, des fruits secs et des noix. En revanche, on vit figurer sur cette table, recouverte du plus beau linge damassé, pour plus de cent mille francs d'argenterie, de vermeil et de cristaux. L'assiette de porcelaine de Sèvres que chaque convive avait devant lui ne valait pas moins de soixante francs. Comme il avait demandé du pain et du vin de Chambertin, on lui fit observer que le pain du pays, le seul qu'on eût, était de mauvaise farine de seigle remplie de longs morceaux de paille.

— Et les soldats, que mangent-ils donc? s'écria-t-il.

Je vous laisse à penser, lorsque les soldats apprirent que *leur empereur* avait mangé de leur pain, si aucun d'entre eux eût osé se plaindre. Ce frugal repas achevé, Napoléon fit partir son aide de camp Lebrun porter la nouvelle du succès de la bataille ; puis après avoir congédié tout son monde de la manière la plus aimable et avoir donné de nouveaux ordres à ses maréchaux, il s'enveloppa dans son manteau et dormit pendant deux heures aussi paisiblement que dans son lit des Tuileries.

La Visite du Champ de Bataille.

Lorsque le jour parut, il se leva pour commençer ce qu'il appelait *sa tournée* du champ de bataille. En regardant attentivement à droite et à gauche, il crut distinguer à quelques pas un soldat mutilé qui faisait de vains efforts pour essayer de se lever. Napoléon s'approche de lui.

— Ton nom? lui demanda-t-il avec douceur en se penchant sur l'arçon de sa selle.

—Jabalot, dit le *Parisien*, sergent de voltigeurs, prévôt breveté au 4e de ligne.

— Oui, je te reconnais; seulement je ne me rappelais plus ton nom. Monsieur! s'écrie ensuite Napoléon en se retournant vers un officier de son état-major, je vous charge de veiller à ce que cet homme soit pansé sur-le-champ : vous me répondrez de lui.

—Laissez donc, major, reprit Jabalot, soutenu dans les bras de l'officier qui avait mis pied à terre aussitôt, ce n'était pas la peine de vous déranger, je suis *frit*.

—J'espère bien que non, dit Napoléon;

un maître d'armes ne se laisse pas abattre pour une botte qu'il n'a pas su parer à temps.

— Excusez ! s'écria Jabalot en faisant un effort, touché en plein par un boulet !... Il faudrait en être un fameux de maître d'armes pour parer un coup droit de ce calibre-là.

— A toi la croix et l'épaulette à la première revue, te dis-je.

— Je manquerai à l'appel, mon empereur, dit encore Jabalot d'une voix presque éteinte ; mais il n'y aura pas de déshonneur : un sergent de moins à l'effectif de la compagnie, qu'est-ce que cela fait ?.. De l'avancement pour les collègues, et voilà tout !.. Ça n'empêchera pas le 4e de ligne de continuer à marcher *crânement*, la baïonnette au bout du fusil, et d'être toujours dans les invincibles !...

Napoléon n'ajouta pas un mot, et continua tristement son chemin en pressant le pas de son cheval.

Quant aux Russes, au lieu de la mort qu'ils attendaient, d'après l'absurde crainte qu'on leur avait inspirée, ils trouvaient dans leurs nnemis des vainqueurs généreux : leur étonnement était tel qu'ils se prosternaient devant l'empereur en lui tendant leurs bras défaillants, en signe de reconnaissance.

De retour à la chaumière où il avait passé la nuit, un des premiers soins de Napoléon avait été de charger un officier d'ordonnance d'aller à l'ambulance savoir des nouvelles de Jabalot. Celui-ci était revenu bientôt après.

— Eh bien, monsieur, comment va-t-il?

— Sire, il ne souffre plus.

— Ah! ah! fit l'empereur en frappant plusieurs fois de sa cravache sur le pied de sa botte.

Puis, après un moment de silence, il ajouta :

— Vous irez cet après-midi vous informer auprès du chef de corps de ce sous-officier s'il était marié, s'il avait des enfants, de la famille; puis vous me ferez un rapport écrit sur ses services.

Réhabilitation.

Le lendemain de la bataille d'Austerlitz, Napoléon passa en revue plusieurs divisions de l'armée, et témoigna à chacune d'elles, en termes flatteurs, la satisfaction qu'il éprouvait de leur belle conduite de la veille. Arrivé devant le front d'un bataillon qui avait fléchi un moment sous les efforts d'une division de cavalerie de la garde impériale russe, son visage se rembrunit, et, faisant reculer son cheval de quelques pas, tout en parcourant la ligne d'un regard irrité, il s'écrie brusquement :

— Soldats ! qu'est devenue l'aigle que je vous avais donnée ?.. Vous m'aviez fait le serment de la défendre jusqu'à la mort !

Un léger murmure, suivi bientôt du plus profond silence, répondit seul à cette vive interpellation. Le commandant de ce bataillon sortit des rangs, et s'avança la pointe de l'épée basse :

— Sire, dit-il avec une sorte d'hésitation, le porte-drapeau a été tué au moment de l première charge, et ce n'est qu'après la seconde que, le régiment ayant pu se former en carré, nous nous sommes aperçus de la disparition de notre aigle.

— Et qu'avez-vous fait sans drapeau? reprend Napoléon d'un ton sévère.

— Sire, nous sommes allés chercher ceux-ci au milieu des cuirassiers russes pour supplier votre majesté de nous rendre une autre aigle en échange.

Et deux sous-officiers sortirent des rangs, portant chacun un étendard russe sur lequel brillait l'aigle noir à deux têtes. Napoléon considéra un instant ces trophées encore sanglants; il sembla hésiter, puis il reprit :

— Soldats! me jurez-vous sur l'honneur qu'aucun de vous ne s'est aperçu de la perte de son aigle?

— Nous le jurons! répond le régiment tout d'une voix.

— Me jurez-vous que vous seriez tous morts pour la reprendre si vous l'aviez su?

— Oui! oui!

— Et vous garderez bien à l'avenir celle que je vais vous donner, car, vous le savez, un soldat qui a perdu son drapeau a tout perdu!

Des acclamations frénétiques répondirent cette fois.

— Eh bien donc, dit l'empereur en étendant la main, je consens à recevoir ces drapeaux et à vous rendre une aigle. Quant à vous, commandant, ajouta-t-il d'un ton moins sévère que la première fois, vous viendrez me trouver après la revue; j'ai à vous parler.

A peine cette longue inspection était-elle terminée que le chef de bataillon était en présence de Napoléon.

— Ah! ah! monsieur, je suis bien aise de vous voir, lui dit-il en lui rendant son salut et en l'attirant un peu à l'écart : c'est votre bataillon qui a faibli hier?

— Sire, les Russes nous pressaient de si près qu'il nous a été impossible d'exécuter nos feux avec ensemble.

— Toujours des prétextes, des excuses...

— Sire, ce n'est pas ma faute si je ne suis pas tué! reprit l'officier avec une sorte d'humeur.

— Ah! commandant, que me dites-vous là! vous me comprenez mal. A Dieu ne plaise que je vous fasse le reproche d'être aujourd'hui sain et sauf : au contraire, j'en suis enchanté; seulement je voulais vous rappeler que c'est à vous autres, messieurs les chefs de bataillon, à donner l'exemple, à soutenir le moral de vos soldats : les vôtres ont eu peur.

— Sire! s'écrie le brave officier en reculant de deux pas, les lèvres pâles et agitées; sire, je crois avoir fait mes preuves hier, et lorsque votre majesté me...

—Vos soldats ont eu peur, vous dis-je! répète encore Napoléon en élevant la voix et en fixant sur le commandant des yeux étincelants. Je m'y connais, ce me semble, et il n'y a que des lâches ou des menteurs qui puissent se vanter de n'avoir pas eu peur, au moins une fois en leur vie. Comprenez-vous maintenant?

Puis, se rapprochant doucement de l'officier, il avise au collet de son habit une déchirure qui a noirci la couleur tranchante du rap.

— Qu'est-ce cela? lui demande Napoléon avec un sourire plein d'intérêt, en même temps qu'il fourre un de ses doigts dans cette déchirure ; voilà une boutonnière qui n'est plus d'ordonnance aujourd'hui.

— Je ne sais..., répond le commandant d'un ton d'indifférence : c'est peut-être un trou...

— Et cette épaulette? continue Napoléon toujours du même ton ; voyez dans quel état elle est ! Il vous en faut une autre, monsieur.

En effet, la moitié de l'épaulette avait été enlevée par un biscaïen ; il n'en restait que la torsade, à laquelle pendaient encore quelques graines d'épinards écrasées.

— Sire, peut-être est-ce une balle, répond l'officier sans avoir l'air d'attacher aucune importance à ces preuves irrécusables de son courage.

— Oui, une balle qui a fait un trou : c'est cela... Un moment, monsieur, vous êtes bien pressé, dit Napoléon avec impatience parce que le commandant avait fait mine de vouloir se retirer ; j'ai encore quelque chose à vous dire.

Puis, fourrant de nouveau son doigt dans a déchirure du collet, qu'il élargit encore davantage, il continue :

— Ce soir, monsieur le *colonel*, après avoir assisté à l'appel et avoir fait l'inspection de vos hommes, vous irez trouver Berthier de ma part, et vous lui direz de vous donner une rosette pour boucher ce trou-là.

Napoléon, voyant que celui-ci s'attendrissait, se hâta d'ajouter :

— Allons, soyons calme ! pas d'enfantillage. Allez, et faites en sorte de ne pas vous faire tuer, comme vous aviez l'air tout-à-l'heure de m'en faire la menace, à moi votre empereur, à moi qui vous aime et vous apprécie mieux que personne. Est-ce là de la générosité ?... Hum ! mauvaise tête !...

Et, après lui avoir légèrement tiré la moustache, il lui tourna brusquement le dos, sans doute pour éviter une *scène de sensiblerie*, comme il le disait, et rejoignit le groupe de ses maréchaux.

Moyen de réchauffer les soldats économiquement.

Pendant ce temps-là, la garde impériale était restée en bataille sur le même terrain. Berthier le fit observer à l'empereur en lui disant :

— Sire, qu'ordonne votre majesté ?

A ces mots, Napoléon regarda fixement le major général :

— Mais, monsieur le maréchal, lui répondit-il avec étonnement, il me semble que je n'ai rien à ordonner ; la garde me suivra : ne m'accompagne-t-elle pas toujours ?

— C'est que depuis plus de quatre heures qu'elle est sous les armes, reprit Berthier avec beaucoup de ménagement, elle ne doit pas avoir chaud, ajouta-t-il en tâchant de sourire.

— Vous avez toujours été frileux ! répliqua Napoléon, visiblement piqué de la remarque ; je sais le moyen de la réchauffer, monsieur le maréchal : suivez-moi.

Napoléon se dirigea vers les deux régiments de la vieille garde, qui depuis leur arrivée n'avaient pas rompu une seule fois leurs rangs. Lorsqu'il ne fut plus qu'à cent pas d'eux, les soldats s'alignèrent, et au commandement de : *Présentez vos armes!* les tambours battirent au champ, les aigles s'inclinèrent; l'empereur mit la main à son chapeau, et salua en pressant le pas; au centre, et en avant de leur régiment respectif, les colonels firent le salut d'usage avec leur épée; Napoléon leur rendit ce salut en se découvrant une seconde fois; enfin, arrivé à dix pas, il fit signe aux tambours de cesser, et, s'adressant aux colonels, qui étaient venus au-devant de lui :

— Messieurs, leur dit-il d'un ton de bonne humeur, nous ne sommes pas ici dans la cour des Tuileries, je ne viens pas vous passer en revue; c'est une visite que je fais à vos hommes : faites mettre l'*arme à volonté*.

Le commandement de : *Attention!... Reposez vos armes!* fut encore répété par les chefs de bataillon; alors l'alignement éprouva comme une faible oscillation, de légers chuchotements se firent entendre; mais à ce troisième commandement : *Fixe!* le plus grand silence succéda aux causeries, et toute la ligne reprit son immobilité première. Alors Napoléon s'approcha tout-à-fait de la ligne de ses soldats, et parcourut le premier rang. Aux uns il fit un petit salut de tête; aux autres il dit : *Bonjour, bonjour!* à ceux qu'il connaissait plus particulièrement il adressa quelques paroles; en passant devant les *nouveaux*, il se contenta de dire : *Bien, bien!* mais arrivé à l'extrémité du bataillon, il se retourne brusquement : il avait aperçu un *ancien* qui, comme quelques-uns de ses camarades, avait placé son fusil entre ses jambes, et soufflait dans ses doigts en frappant ses coudes l'un contre l'autre. Le bruit du souffle de cet homme ressemblait à celui produit par un soufflet de forge, et ce bruit seul avait attiré l'attention de Napoléon, qui revint sur ses pas :

— Qu'est-ce que ces manières-là? dit-il doucement à ce grenadier en imitant sa pantomime, est-ce que tu as froid? Fi donc! ce n'est pas d'ordonnance.

Le vieux soldat saisit aussitôt son fusil à la seconde capucine, et appuyant le petit doigt de sa main gauche sur la couture de sa culotte, releva la tête en cherchant à mordre de sa lèvre inférieure l'extrémité des moustaches que le givre avait métamorphosées en de petits glaçons; il regarda fixement l'empereur sans lui répondre. Napoléon ne put s'empêcher de sourire; mais il reprit bientôt d'un ton qui n'avait rien de plaisant :

— J'ai chaud, moi !

— Il est possible, mon empereur, répondit alors le grenadier avec le plus grand sérieux et sans changer de position; mais il est sûr et certain que *la* froid pique un peu, et que nous n'avons pas, comme vous, l'avantage d'être incombustibles et imperméables.

A ces mots, l'empereur rit tout de bon, et tous ceux qui se trouvaient à ses côtés en firent autant, sans trop savoir pourquoi, attendu qu'aucun d'eux n'avait bien compris les paroles du soldat. Napoléon continua son chemin en disant d'un ton bref :

— Tout le monde se chauffera ce soir.

Arrivé à la tête du 1er bataillon, la musique fit entendre l'air de *la Victoire est à nous!* L'empereur regarda Berthier, et lui dit en souriant encore :

— Voilà un air de circonstance bien fait pour réchauffer le cœur de ceux qui ont l'onglée.

Puis après s'être arrêté un moment devant le magnifique tambour-major de son 1er régiment de grenadiers, qu'à cause de son immobilité et de la richesse de l'uniforme on aurait pu comparer au plus beau modèle de Curtius, il retourna tranquillement au feu de son bivouac, toujours les deux mains dans les poches de sa redingote. Enfin il monta à cheval et, suivi de son brillant état-major, il reprit au pas le chemin du château du prince de Kaunitz. Pendant ce temps, la garde avait rompu ses lignes pour se former en colonnes serrées, et s'était mise en marche en accompagnant la musique des cris de *Vive l'empereur!*

Un Emprunt de pièces de Canon.

Les conséquences de la campagne d'Austerlitz retenaient encore Napoléon au cœur de l'Allemagne, que le ministre des finances, M. Gaudin (depuis duc de Gaëte), avait songé à étendre aux divers hôtels des monnaies de l'empire le nouveau mode de fabrication qui avait été adopté avec succès pour celui de Paris ; ce mode joignait au mérite d'un travail plus facile et plus parfait celui de préserver les ouvriers des accidents auxquels les machines que l'on avait employées jusqu'alors les exposaient journellement. Mais pour cela, une grande quantité de cuivre était nécessaire, de sorte que le nouveau moyen de frappe devenait très-dispendieux. Cependant les bulletins de la Grande-Armée, qui avaient donné le détail des prises immenses d'artillerie faites sur les Russes et les Autrichiens, inspirèrent à M. Gaudin l'idée d'appliquer à son ministère une faible part de ces dépouilles pour mettre à exécution son projet. Aussi, dès que Napoléon fut de retour à Paris, n'eut-il rien de plus pressé que d'aller aux Tuileries pour demander qu'on lui abandonnât une vingtaine de canons.

— Vingt canons! s'écria l'empereur avec un mouvement de surprise, vingt canons! Et pour quel usage, monsieur le ministre? Auriez-vous l'intention de me faire la guerre? ajouta-t-il gaîment.

— Assurément, non, sire : car entre votre majesté et moi la partie serait par trop inégale ; je voudrais seulement généraliser l'usage du nouveau balancier, qui nous réussit parfaitement, ici et dont j'ai eu l'honneur d'expliquer les avantages à votre majesté quelques jours avant son départ pour l'armée.

— Ah! oui, je sais. Eh bien?

— Eh bien! sire, puisque votre majesté sait que ce balancier-modèle est tout en cuivre, elle sait aussi que mon budget n'est pas assez riche pour supporter une semblable dépense. Toute difficulté disparaîtrait si elle daignait accueillir favorablement la demande de vingt canons que j'ai l'honneur de lui faire.

— Mais, mon cher ministre, vingt canons, c'est beaucoup, c'est énorme! Aux temps où nous vivons, les canons...

— Ne sont pas rares, sire, interrompit M. Gaudin en s'inclinant.

— Mais ils coûtent cher, monsieur! répliqua sévèrement l'empereur. Voyons, transigeons, ajouta-t-il.

— Sire, c'est impossible, parce que j'estime qu'il ne m'en faudra pas moins. Ici Napoléon ayant légèrement froncé le sourcil, le ministre se hâta d'ajouter : Et puis, mon projet est d'appeler ces nouveaux balanciers des *Austerlitz* et de les ceindre d'un collier sur lequel on lira : *Cuivre pris sur l'ennemi*.

A ces mots, la physionomie de Napoléon s'éclaira, ses yeux brillèrent.

— Ah! ah! mon cher, dit-il en pinçant doucement le bout de l'oreille de M. Gaudin, vous êtes un compère bien adroit. Vous me prenez par mon faible : un peu de vanité, je l'avoue, Eh! quel souverain n'en aurait pas à ma place ! Je vous le demande, messieurs, reprit-il en s'adressant aux ministres qui étaient présents. M. Gaudin, vous aurez vos canons. Ministre de la guerre, vous donnerez des ordres pour que vingt canons, hors de service, bien entendu, soient mis à la disposition de votre collègue M. le ministre des finances ; mais pas plus de vingt, c'est convenu.

Ces balanciers sont les mêmes qui fonctionnent encore aujourd'hui dans les divers hôtels des monnaies de France ; seulement leurs colliers ont été enlevés, et ils ont perdu leur nom primitif.

Un Calembourg.

Les artistes de l'Opéra ayant paru dans une fête donnée par Napoléon à Rambouillet, le ministre de l'intérieur reçut l'ordre de faire à chacun d'eux un cadeau proportionné à leur talent. Ce dernier, sans doute pour ne pas grever son budget, leur envoya les livres magnifiquement reliés qu'il avait sous la main. Ce présent, comme on doit bien le penser, n'était pas de nature à flatter beaucoup des danseuses. A quelque temps de là, l'empereur, voulant donner une seconde fête, en tout semblable à la première, demande à son ministre ce qu'il a envoyé la dernière fois aux artistes de l'Opéra pour les *remercier*.

— Sire, je leur ai fait remettre des livres.

— Comment! des livres!... exclame Napoléon avec étonnement; des livres *tournois*, sans doute? reprit-il.

— Non, sire : des ouvrages fort intéressants. Tous étaient dorés sur tranche et reliés en maroquin.

Et celui-ci lui fait la nomenclature des volumes.

— Monsieur le ministre, lui dit Napoléon en souriant, j'entends, cette fois, que ces dames de l'Opéra soient payées en *francs* et non en *livres*.

Le moderne Aaroun-al-Rachild.

Impatient de voir le monument de la place Vendôme terminé, Napoléon gourmandait chaque jour ses architectes pour la lenteur qu'ils apportaient à leurs travaux, « quoique, disait-il, ni les bras ni l'argent ne leur manquassent ». Il se rendait souvent sur les lieux pour juger l'effet que produirait l'érection de cette colonne dont il venait de doter la capitale; enfin lorsque l'immense échafaudage qui devait servir à fixer sur la maçonnerie les plaques de bronze, ces *fac simile* de nos victoires, fut presque achevé, il voulut le visiter lui-même; dans ce but, *vêtu en bourgeois,* il sortit un matin du palais avant le jour. Suivi du grand-maréchal du palais, il traverse le jardin des Tuileries et se rend sur la place Vendôme au moment où le jour commençait à poindre.

— Que me disaient donc Fontaine et Percier avec leur encombrement! s'écria-t-il. A les en croire, plusieurs chantiers de bois auraient été transportés ici; je ne vois rien de tout cela.

— Sire, est-ce que votre majesté n'entend pas le bruit que font les scies des charpentiers?

— Une... deux... trois... quatre... Il y en a tout au plus une demi-douzaine! A quoi diable songent donc messieurs les entrepreneurs!... Ils se font cependant payer assez cher! Ah! ah! Duroc, venez donc par ici, ajoute Napoléon en entraînant le grand-maréchal d'une main, tandis que de l'autre il abaissait sur ses yeux un chapeau rond à larges bords. (Il venait d'apercevoir une charpente énorme que des ouvriers essayaient vainement de poser sur des rouleaux pour la changer de place.) Ces gens-là ne savent pas s'y prendre, continua-t-il; je gagerais qu'il ne se trouve pas parmi eux un artilleur. Ah! les maladroits! Mais c'est absolument comme s'il s'agissait de changer une pièce d'encastrement... Il faut que je leur donne une leçon!

— Y pensez-vous, sire! votre majesté veut donc se compromettre? Non-seulement elle peut se blesser, mais encore elle peut être reconnue...

— Vous avez toujours peur ! interrompit Napoléon. Est-ce que je ne me rappelle pas mon ancien métier ! Jugez-en vous-même, Duroc : ce n'est tout simplement qu'une de nos manœuvres de force ; les deux premiers servants de droite en tête, et de l'ensemble !

— Sire, vous avez raison ; mais votre majesté me permettra de lui faire observer...

— Au fait, c'est vrai ; mais ils n'y entendent rien ; et puisqu'il s'agit d'un monument de gloire à élever en l'honneur de la France, je crois, sans me flatter, y avoir suffisamment mis la main. Allons voir de l'autre côté ce qu'on y fait.

Après avoir examiné la gigantesque charpente dans tous ses détails et s'être promené à l'entour pendant trois quarts d'heure, l'empereur continua son chemin en suivant la rue Napoléon (aujourd'hui *rue de la Paix*), dont les nouvelles maisons s'élevaient çà et là par enchantement ; et, tournant à droite, il remonta le boulevard en disant gaîment à Duroc :

— Il faut que messieurs les Parisiens soient bien paresseux dans ce quartier, puisque toutes les boutiques sont encore fermées, quoiqu'il fasse grand jour !

Chemin faisant, l'empereur remarqua telle et telle maison qui, par leur avancement, masquaient le point de vue qui s'étend sur le boulevart ou qui obstruaient la voie publique ; il en prit note sur son calepin pour en parler à Fontaine la première fois qu'ils travailleraient ensemble. Tout en causant ainsi, il arriva devant les *Bains Chinois*, qui depuis peu avaient été repeints à neuf. Comme il critiquait la décoration extérieure et les rochers qui supportent les bâtiments, le café qui dépendait de l'établissement s'ouvrit.

— Si nous entrions là pour y déjeûner, dit-il à Duroc; qu'en pensez-vous? Cette tournée ne vous a-t-elle pas donné de l'appétit?

— Sire, c'est trop tôt : il n'est encore que huit heures.

— Bah! bah! votre montre retarde toujours! Moi, j'ai faim. Et d'ailleurs ce sera du temps d'économisé pour le reste de la journée.

Et sans attendre de réponse, Napoléon entre sans façon dans le café, s'assied à une table, appelle le garçon et lui demande des côtelettes de mouton, une omelette aux fines herbes (c'étaient ses mets favoris) et du vin de Chambertin. Après avoir mangé de très-bon appétit et avoir pris une demi-tasse de café, qu'il prétendit être meilleur que celui qu'on lui servait habituellement aux Tuileries, il appelle le garçon, lui demande *la carte*, et se lève en disant à Duroc :

— Payez, et rentrons ; il est temps.

Puis, se posant sur le seuil de la porte du café, les mains croisées sur le dos, il se met à siffler entre ses dents un récitatif italien, en se dandinant sur ses jambes comme pour marquer la mesure.

Le grand-maréchal s'était levé en même temps ; mais, après avoir fouillé vainement toutes ses poches, il acquit enfin la certitude que dans la précipitation qu'il avait mise le matin à s'habiller, il avait oublié sa bourse ; et il sait que l'empereur ne porte jamais d'argent sur lui. Cependant le garçon arrive et présente au grand-maréchal, resté comme pétrifié à sa place, la carte à payer, dont le chiffre s'élève à douze francs. Tous deux se regardent quelque temps sans rien dire : le premier parce que pareille chose ne lui est pas encore arrivée; le second parce qu'il a deviné tout d'abord la cause de l'embarras que Duroc cherche en vain à se dissimuler. Pendant ce temps, Napoléon, qui ignore l'incident et qui n'a rien vu, peu habitué qu'il est à ce qu'on le fasse attendre, ne conçoit pas la lenteur que met Duroc à le rejoindre; déjà même il a tourné la tête plusieurs fois de son côté, en disant d'un ton d'impatience :

— Allons donc, dépêchons, il se fait tard.

Le grand-maréchal, comprenant enfin que cette situation critique ne peut durer plus long-temps, et pensant que pour en sortir il ne s'agit que d'avouer franchement son embarras, prend son parti, et, s'approchant de la maîtresse du café, qui se tient silencieuse et indifférente au comptoir, parce qu'elle se doute de la requête qui va lui être présentée, il lui dit d'un ton poli mais un peu honteux :

— Madame, mon ami et moi nous sommes sortis ce matin un peu... précipitamment ; nous avons oublié de prendre notre bourse... mais je vous donne ma parole que dans une heure je vous enverrai le montant de cette carte.

— C'est possible, monsieur, répond froidement la dame ; mais je ne vous connais ni l'un ni l'autre, et tous les jours je suis attrapée de la même manière. Alors vous sentez que...

— Madame, interrompt le grand-maréchal, auquel cette réponse a fait monter le rouge au visage, nous sommes des gens d'honneur, nous sommes officiers de la garde.

— Oui, jolies pratiques, en effet, que MM. les officiers de la garde.

— A ces mots de *gens d'honneur* et d'*officiers de la garde* que Napoléon a distingués, il présume que quelque quiproquo s'est engagé à son insu, et, se retournant une dernière fois en frappant du pied :

— Qu'est-ce donc? dit-il.

Mais sur un signe que lui fait Duroc, il demeure immobile à sa place, renfonce son chapeau sur sa tête et cesse de siffler. C'est au garçon de café qu'est réservé l'honneur de mettre fin à cette scène, qui n'avait rien de comique pour les principaux acteurs. Il est loin de reconnaître l'empereur dans le petit individu à la tournure si grotesque, au geste si impératif, à l'air si impatient, qui s'est tenu constamment sur le seuil à regarder les passants sans se mêler de rien; mais quant au grand-maréchal, il a une idée confuse d'avoir vu cette figure-là parmi les officiers généraux qui font chaque jour défiler la parade dans la cour des Tuileries; il prend donc à son tour la parole :

— Madame, dit-il à sa maîtresse, puisque ces messieurs ont oublié de prendre de l'argent, je réponds pour eux, persuadé que de braves officiers de la garde ne voudraient pas faire tort à un pauvre garçon de café comme moi.

— Ah! voilà comme vous êtes toujours!

répond celle-ci avec humeur : c'est encore douze francs de perdus pour moi.

— Non, madame, reprend celui-ci avec une sorte de dignité, je vais vous les remettre à l'instant.

Et tirant de sa poche cette petite somme, il la donne à sa maîtresse, qui l'accepte tout en continuant de grommeler contre ceux qui, dit-elle, ont la mauvaise habitude de dépenser de l'argent sans en avoir. Pendant ce temps le grand-maréchal avait tiré sa montre et l'avait présentée au garçon en lui disant :

— Tenez, mon ami, voilà ma montre, que je vous prie de garder jusqu'à ce que je me sois acquitté envers vous. Je vous remercie pour moi et surtout pour *mon ami* qui est là et qui doit s'impatienter, car nous avons affaire.

— Monsieur, je n'ai pas besoin de ce gage ; j'ai la conviction que vous êtes de très-honnêtes gens.

— Oui, mon ami, reprit Duroc, vous n'aurez point à vous repentir de votre confiance ; et il rejoignit l'empereur.

Ils continuèrent de suivre le boulevart en pressant le pas, dans la crainte d'être suivis, et se dirigèrent du côté du passage des Panoramas, que Napoléon avait compris dans l'itinéraire de sa promenade. Chemin faisant, Duroc lui raconta les détails de l'incident qui les avait retenus ; l'empereur en rit de bon cœur, et s'extasia sur la générosité de ce garçon de café qui, sans les connaître, avait cependant payé leur déjeûner.

— Ce doit être un enfant de Paris, dit-il, je le parierais, car ils sont tous comme cela ; se livrant à leur premier élan, jetant leur argent à tort et à travers, à la tête du premier venu, sans réflexion comme sans regret. Ah! c'est surtout en campagne qu'on peut juger ces gaillards-là! Auraient-ils pour solde le traitement que je donne à mes maréchaux, qu'ils trouveraient encore le moyen de n'en pas avoir assez.

Ils arrivèrent causant ainsi dans le passage des Panoramas, qui était alors le plus riche et le plus élégant de tous ceux de la capitale. Une boutique attira l'attention de Napoléon : c'était le magnifique magasin d'albâtres qu'on y voyait encore il y a quelques années. Deux vases superbes, style *Médicis*, exposés à la montre, lui paraissant de très-bon goût, il entra dans ce magasin, dont la porte était ouverte, pour en demander le prix. Il regarda à droite et à gauche, et n'aperçut qu'une grosse servante qui continuait de balayer, mais d'une manière si gauche, dans la crainte de casser quelque chose, qu'il ne put s'empêcher de rire, de ce rire si franc qu'il avait oublié depuis Brienne. Quant à Duroc, il était resté en dehors, ne croyant pas sa présence très-utile dans ce magasin.

— Ah çà! dit Napoléon à la servante, après que sa gaîté fut un peu calmée, il n'y a donc personne ici! ni maître ni maîtresse! Il paraît que ce sont des paresseux qui se lèvent tard!

— Est-ce que vous venez pour acheter quelque chose? lui demande la servante d'un air goguenard et en suspendant son travail; puis, regardant l'empereur, les deux mains et le menton appuyés sur le manche de son balai, elle l'examina curieusement à son tour.

— Certainement! je veux savoir ce que valent ces deux vases.

— Tiens! je ne m'en serais pas doutée, reprit-elle; mais je vais sonner madame.

La marchande descendit bientôt en ajustant précipitamment un fichu sur ses épaules.

— Qu'y a-t-il pour votre service, monsieur? demande-t-elle sèchement à l'empereur.

— Madame, quel est le prix de ces deux vases?

— Est-ce pour les acheter, monsieur?

— Parbleu! apparemment, exclama Napoléon, un peu surpris de la demande.

— Quatre mille francs, pas un liard de moins.

— Quatre mille francs! s'écrie Napoléon, que le ton et les manières de cette femme n'ont pas prévenu en sa faveur; quatre mille francs! mais c'est horriblement cher, madame, beaucoup trop cher pour moi.

Et touchant légèrement de la main le bord de son chapeau comme pour saluer, il va sortir du magasin lorsque la marchande, posant ses deux mains sur ses hanches, ajoute en ricanant :

— Cela se voit, du reste ! ils m'en coûtent cependant cinq mille, à moi ! Mais ne vaut-il pas mieux vendre à perte que de mourir de faim ? On fait de si belles affaires maintenant! Toujours la guerre ! tout le monde se plaint; le commerce ne va pas, les marchands se ruinent; mais il n'en faut pas moins payer les impôts !...

Aux premières paroles de cette femme, la physionomie de Napoléon avait pris une expression difficile à décrire : elle s'était d'abord colorée légèrement, puis peu après elle avait repris cette teinte pâle qui lui était naturelle; mais tous les muscles de son visage s'étaient crispés; ses lèvres étaient bleues, ses yeux lançaient des éclairs; il s'était croisé les bras sur la poitrine et serrait les poings.

— Avez-vous un mari, madame ? lui demanda-t-il en l'interrompant, de cette voix clatante qui imposait même aux plus aguerris. Où est-il ? pourquoi ne le vois-je pas ?

— Eh ! la, la, ne vous fâchez pas, monsieur : j'en ai un, Dieu merci ! mais il est sorti ce matin de très-bonne heure pour tâcher de toucher un peu d'argent. C'est difficile, les rentrées ! personne n'a le sou ! au surplus, que lui voulez-vous ? ne suis-je pas là, moi ?

— Assez, madame, assez ! Je voulais dire à votre mari que peut-être je prendrais ces vases... plus tard... je verrai...

Et Napoléon, plus honteux de son emportement que de la scène que vient de lui faire cette femme, sort du magasin dans une agitation qu'il a peine à dissimuler.

— Ma foi ! dit-il à Duroc, je viens d'avoir mon fait ! Une sotte femme, une espèce de mégère qui se mêle de politique, tandis qu'elle ne devrait s'occuper que de ses vases ! Oh ! je laverai la tête au mari, car c'est à lui qu'en est la faute.

Comme on voit, tout n'était pas bénéfice dans le chapitre de l'*incognito*, bien que de tels désillusionnements fussent rares. Nos deux nobles coureurs d'aventures rentrèrent au palais, où ils eurent bientôt oublié, l'un la marchande d'albâtre, l'autre le déjeûner qu'ils avaient fait à crédit.

Six semaines environ s'étaient écoulées lorsqu'un matin, à son petit lever, Napoléon dit à Duroc :

— Je n'ai pas grand'chose à faire aujourd'hui : si nous allions nous promener un peu tandis qu'il est encore de bonne heure?

—Sire, il fait bien froid; et puis c'est aujourd'hui la veille de Noël, presque un jour de fête. Aux approches du jour de l'an, il y a toujours beaucoup de monde dans les rues qui avoisinent le Palais-Royal et sur les boulevarts; où votre majesté pourrait-elle aller sans risquer d'êre reconnue?

— C'est vrai, Duroc; attendons à ce soir. A propos! et l'affaire du café des Bains-Chinois, qu'est-elle devenue?

— Ma foi, sire, je suis honteux d'avouer à votre majesté que je n'y ai plus songé depuis; j'ai même oublié de faire remettre au garçon qui nous a tirés de notre mauvais pas, le prix de la carte qu'il a soldée pour nous.

— Dites pour vous, reprit Napoléon avec vivacité. C'est mal, Duroc, c'est bien mal; permis à moi d'oublier de pareilles choses, mais vous...

— Sire, je vais réparer cet oubli.

— Oui, certes; aujourd'hui, à l'instant même, il le faut réparer dignement; vous m'entendez!... Par la même occasion, vous ferez dire au mari de *la femme aux vases* de l'apporter lui-même ceux que j'ai marchandés l'autre jour; moi aussi, j'ai un oubli à réparer envers elle : ah! ah! c'est à mon tour, et nous allons voir!

Il était dix heures du matin; un valet de pied, auquel le grand-maréchal avait donné des instructions précises, entrait au café des Bains-Chinois, et, s'adressant à la maîtresse de la maison :

— Madame, n'est-ce pas ici que deux messieurs, vêtus l'un et l'autre de redingotes bleues, sont venus déjeûner un matin, il y a six semaines environ, et que, n'ayant pas d'argent...

— Oui, monsieur, répond la dame un peu

troublée, car cet homme porte la grande livrée de la maison de l'empereur.

— Eh bien, madame, c'étaient S. M. l'empereur et monseigneur le grand-maréchal du palais ; puis-je parler au garçon qui a payé pour eux?

— Certainement... oui... monsieur...

La dame sonne et se trouve presque mal; elle ne parle de rien moins que d'aller se jeter à l'eau si on ne lui permet pas de se jeter aux pieds de l'empereur ; le valet de pied, s'adressant au garçon, lui remet un rouleau de cinquante napoléons, et lui dit :

— Monseigneur le grand-maréchal du palais m'a chargé de vous dire que si vous aviez quelque faveur à solliciter pour vous ou pour quelqu'un des vôtres, il serait bien aise de pouvoir vous être utile.

Ce garçon s'appelait Dargens ; il se hâta de profiter des intentions bienveillantes du grand-maréchal, qui le plaça dans la maison de l'empereur en qualité de valet de pied. Il ne tarda pas à gagner la confiance de Joséphine, qui le prit à son service particulier lorsque après son divorce elle se retira à Malmaison, et, singulière destinée des hommes de ce temps-là! il finit par entrer en 1814 au service de Wellington !...

Un quart d'heure après sa visite des Bains-Chinois, le même valet de pied entre dans le beau magasin d'albâtres du passage des Panoramas, et, s'adressant au maître de la maison :

— Monsieur, lui dit-il, vous êtes mandé au palais à l'instant même, avec les deux vases que S. M. l'empereur a marchandés dans votre magasin il y a six semaines ; hâtez-vous, monsieur, car sa majesté attend.

— Ah ! mon Dieu ! s'écria-t-il, il va me faire fusiller !... Puis, s'adressant à sa femme, qui ne disait mot, tant elle était atterrée : Je m'en doutais, tu auras parlé politique, tu auras dit du mal du gouvernement, comme cela t'arrive tous les jours ; et devant qui encore ! devant S. M. l'empereur et roi !... Tu ne sauras jamais retenir ta maudite langue ; que de fois ne te l'ai-je pas dit!... Et toi qui l'as pris pour un mouchard !... Ah ! mon Dieu ! c'est fini, on va me conduire à la plaine de Grenelle !...

La frayeur faisait perdre la tête à ce pauvre homme, que le valet de pied avait tout les peines du monde à rassurer. Enfin ayant recouvré un peu de force, il put monter dans un fiacre et arriver aux Tuileries. On l'introduit aussitôt dans le cabinet de l'empereur, où il se voit seul et face à face avec lui ; à peine peut-il se soutenir, tant il est tremblant.

— Ah ! ah ! monsieur, on vous trouve enfin !... dit Napoléon d'un ton de maître et en s'efforçant de ne pas rire, je suis bien aise de vous voir.

Et prenant dans un tiroir de son bureau huit billets de banque de mille francs, il les présente au marchand, qui ne sait s'il doit avancer la main pour les recevoir ; puis il ajoute avec cette phraséologie brève et cet accent incisif qui lui sont ordinaires lorsqu'il n'a que des reproches à adresser :

— Je suis allé l'autre jour dans votre magasin. J'ai marchandé deux vases. Votre femme en a voulu 4,000 francs, me disant qu'ils lui en coûtaient 5,000. Tenez, quoique ce soit un mensonge, en voilà huit...

Prenez donc!... Il y en a quatre pour les vases et quatre pour vous dédommager de la colère que votre femme m'a causée contre vous; mais dites-lui bien qu'elle ait à ne plus se mêler que de son pot-au-feu, et non de politique, ou, morbleu! je la fais camper à Bicêtre, et vous aussi, pour lui apprendre à se taire. Allez, monsieur, c'est tout ce que j'avais à vous dire!

Or, ce même jour, veille de Noël, le maréchal Marmont, le général Lauriston, Corvisart, madame Devaux, dame du palais de Joséphine; le comte Darberg, chambellan de l'empereur, et quelques autres personnes appartenant à la maison de leurs majestés dînaient chez le comte Lavalette, à l'hôtel des Postes. On avait beaucoup parlé pendant le dîner de l'histoire de la marchande d'albâtre, dont les vases avaient été admirés dans le salon de service par les familiers du château, et naturellement il avait été question des promenades anonymes de sa majesté. Les convives étaient très-gais. Il était près de minuit, le valet de chambre de

M. Lavalette vint annoncer au maréchal que son cabriolet était là.

—Je ne m'en vais pas aujourd'hui, répond Marmont, et, s'adressant à Lavalette : Mon cher directeur, lui dit-il, arrange-toi comme tu voudras, mais je ne sors pas de chez toi ce soir : j'y suis trop à mon aise pour m'en aller.

— Eh bien, monsieur le maréchal, restez avec nous, reprend madame Lavalette, je vous donnerai à souper à tous, et nous ferons le réveillon.

—En effet, c'est aujourd'hui ! s'écria Lauriston.

— Alors, messieurs, dit à son tour madame Devaux, ne faites pas les choses à demi, et conduisez-nous à la messe de minuit.

— Approuvé ! nous vous donnerons le bras.

—Nous acceptons, dit madame Lavalette; mais à quelle église irons-nous ?

—Parbleu ! ma chère amie, nous irons à notre paroisse, dit son mari, à Saint-Eustache, il n'y a qu'un pas d'ici.

— Allons donc ! s'écrie Corvisart, est-ce que c'est là une paroisse ! Il faut aller à Saint-Roch ; là du moins on y dit la messe en musique ; et puis, c'est plus cohue.

—Va pour Saint-Roch! s'écrie Lavalette; j'ai dans l'idée que nous nous y amuserons.

Quoique les dames n'eussent pas fait de grandes toilettes, pour dîner sans façon, il leur était impossible cependant d'aller à une messe de minuit en robes à manches courtes et coiffées en cheveux ; madame Lavalette offrit de mettre à la disposition de madame Devaux tout ce qui lui serait nécessaire pour changer de toilette. Un chapeau, une douillette et un cachemire d'atour de cette dame de l'impératrice remplacèrent aussitôt ses fleurs, sa robe décolletée et son écharpe transparente. En quelques instants le travestissement est complet; mais ces dames n'ont pas songé à la tournure grotesque qu'il leur donne : l'une a une robe beaucoup trop longue, l'autre s'est coiffée d'un chapeau qui n'entre pas assez ; toutes deux rirent beaucoup de se voir ainsi costumées.

Cependant on monte en voiture, et l'on

arrive à Saint-Roch. Lauriston marchait en tête de cette espèce de procession ; et, avec sa canne, qu'il faisait rebondir par mégarde sur les dalles, il ressemblait singulièrement à un suisse de paroisse. Marmont, Lavalette, Corvisart et les autres personnes qui le suivaient ne pouvaient vraiment pas s'empêcher de rire, malgré tous leurs efforts. Tout-à-coup, au détour d'un pilier plus sombre que le reste de l'église, deux hommes passent rapidement près d'eux. Ils sont vêtus de redingotes brunes entièrement boutonnées. Le plus petit des deux s'avance vivement vers le groupe, et dit d'une voix grave et accentuée :

— Ces rires sont inconvenants ! vient qui veut à l'église ; mais quand on y vient, il ne faut pas s'y tenir avec moins de décence qu'aux Tuileries !

Et le petit homme disparaît derrière le pilier, laissant les joyeux promeneurs comme frappés d'une apparition fantastique, car tous ont cru entendre une voix qui leur est bien connue...

Ils ne se trompaient pas : c'était celle de l'empereur.

Un Dévorateur.

Parmi les braves officiers généraux dont Napoléon était entouré, quelques-uns étaient célèbres par d'autres causes que leur mérite militaire : ainsi Junot et Fournier passaient pour être les plus habiles tireurs au pistolet; le général Laselette était connu par sa passion pour la musique, qu'il poussait au point d'avoir toujours un piano dans un fourgon; et si ce général mélomane ne buvait jamais que de l'eau, en revanche, il n'en était pas de même du général Bisson, son ami, qui passait pour le plus intrépide buveur de l'armée.

Un jour, l'empereur, l'ayant rencontré à Berlin, lui dit :

— Eh bien, Bisson, bois-tu toujours bien?

— Comme cela, sire : je ne dépasse plus les vingt bouteilles.

C'était en effet un grand amendement chez lui, car il avait plus d'une fois vidé la trentième, et toujours sans se griser.

Ce brave officier était un homme d'une haute stature et d'une force prodigieuse; nouvel Hercule, il était armé d'un appétit dévorant.

La veille du départ de Napoléon pour la campagne de Russie, Bisson reçoit l'ordre de se rendre sur-le-champ à Saint-Cloud, où se trouvait sa majesté. Le chambellan de service l'introduit dans le petit salon qui précède le cabinet de Napoléon, et laisse seul le général, en attendant que le maître le fasse appeler. Bisson attend long-temps. Il était arrivé à quatre heures de l'après-midi, il en était sept, et l'empereur ne l'avait point fait avertir.

Le général, ne pouvant s'occuper guère d'autre chose que de ce qui s'offrait à sa vue, remarque bientôt qu'un valet de pied apporte de demi-heure en demi-heure un poulet chaud à un page, et que celui-ci le pose ensuite sur un petit guéridon placé dans un des angles du salon, en remportant sur-le-champ celui qui l'a précédé. Bisson ne peut résister plus long-temps à la faim qui le dévore, il n'avait pas eu la précaution de dîner avant son départ de Paris : en un clin d'œil il dévore le succulent poulet. Le page en entrant, ne voyant plus le poulet, s'empresse d'en demander un autre, ne pouvant concevoir la disparition du premier. Un second, un troisième poulet éprouvent le même sort. Alors grande rumeur à l'office ; l'ordre est donné de fouiller exactement les individus du service par les mains desquels le poulet doit passer depuis la cuisine jusqu'au salon. Le page est un de ceux qui se désolent le plus : il croit fermement que le diable est pour quelque chose dans l'aventure. Enfin l'empereur, qui ignorait ce qui venait de se passer, fait appeler Bisson dans son cabinet, le charge d'une mission et le congédie cinq minutes après, à la grande satisfaction du général, qui fait halte chez Legriel, le fameux restaurateur situé à la grille du parc de Saint-Cloud, pour apaiser un appétit que les trois poulets qu'il a devorés coup sur coup n'ont fait qu'aiguillonner. Cependant avant le coucher, le chambellan de service se hasarde de raconter à sa majesté ce qui s'est passé dans la soirée.

L'empereur rit aux éclats et dit sur-le-champ :

— Je gage que c'est Bisson qui a fait disparaître tous les malheureux poulets. C'est un brave, un excellent officier ; sur le champ de bataille c'est un Goliath ; mais, à la ville, c'est un véritable Gargantua : il lui faudrait tous les jours un bœuf pour ses menus plaisirs.

Au surplus, chez le général Bisson, cet appétit dévorant, cette soif impérieuse, étaient une véritable affection, un besoin physique. Napoléon le savait, et comme il l'aimait beaucoup, il lui avait fait, sur sa cassette particulière, une pension de six mille francs comme supplément de frais de table.

Hiérarchie militaire.

Avant la campagne de Tilsitt (1807), l'empereur avait résolu dans sa pensée de rapprocher de son trône les débris de l'ancienne aristocratie : les gendarmes d'ordonnance furent créés par un décret impérial. Selon toutes les probabilités, ce corps d'élite était destiné à devenir, dans la suite, plus privilégié que ceux de la vieille garde. On le crut du moins, car beaucoup de jeunes gens riches, appartenant aux premières familles de France, s'enrôlèrent et s'équipèrent à leurs frais pour en faire partie. Chaque simple soldat avait un domestique pour panser ses chevaux. Ce corps si favorisé inspira naturellement une assez vive jalousie à beaucoup d'officiers distingués qui, sortis des rangs plébéiens, n'ambitionnaient rien tant que d'entrer dans la garde, même en abandonnant un grade ; ils crurent avoir deviné les intentions de l'empereur dans le choix qu'il fit du vieux général de Montmorency-Laval pour colonel des gendarmes d'ordonnance.

Mais dès que la grande armée eut commencé ses opérations en Prusse, les domestiques furent supprimés dans ce corps d'élite. Il en résulta que, bien que composé d'hommes très-braves sans doute, mais habitués à toutes les aisances de la vie opulente, il fut assez mal tenu. Autre chose est de marcher courageusement à l'ennemi ou d'être le palefrenier de son cheval, quand on n'en a pas l'habitude. Ceux des militaires que la création des gendarmes d'ordonnance avait le plus offusqués, finirent par l'emporter auprès de Napoléon. Ce corps fut licencié après la campagne, et la plupart de ceux qui en avaient fait partie reçurent leur brevet d'officier dans des régiments de cavalerie.

Parmi ces simples gendarmes il en était un, M. d'Albignac, qui était, comme on dit vulgairement, *à tu* et *à toi* avec son colonel. Arrivé en Prusse, il aborde un matin M. de Montmorency, et lui demande directement et sans façon quelque chose de relatif à son équipement. Mais le vieux général, prenant un ton sérieux, lui répond :

— Mon cher d'Albignac, à Paris, chez la duchesse de Luynes, quand nous jouions au creps, nous causions familièrement comme de bons amis et de bons camarades ; mais à présent, et ici, ce ne peut plus être de même. Il faut que tu saches ce que c'est que la hiérarchie militaire. Tu as besoin d'un bridon et d'une sous-ventrière, dis-tu? C'est très-bien; mais tu viens me demander cela, à moi, ton colonel! Ce n'est pas dans l'ordre. Il faut t'adresser à ton maréchal-des-logis chef, qui fera son rapport à son lieutenant, qui le transmettra à ton capitaine. Le capitaine en référera au major, qui viendra ensuite prendre mes ordres, car je suis votre chef à tous. Comprends-tu bien cela, mon cher d'Albignac?

— Oui, mon général.

— Il faut qu'il en soit ainsi, ajouta M. de Montmorency, et pour tout.

— Oui, mon général.

A quelque temps de là, M. d'Albignac ayant été grièvement blessé à Iéna, M. de Montmorency va le voir, et lui demande avec intérêt comment il se trouve. Quoique souffrant beaucoup, M. d'Albignac trouve plaisant de prouver à son colonel qu'il est resté pénétré de ses instructions sur la hiérarchie militaire, et, au lieu de répondre simplement à sa question, il lui dit le plus sérieusement du monde:

— Mon général, donnez vos ordres au major, qui les transmettra à mon capitaine, qui en fera part à son lieutenant, qui m'enverra mon maréchal-des-logis chef, à qui je dirai que je me sens mieux et qu'en définitive cela ne va pas mal.

Le vieux général ne put s'empêcher de rire de la gaîté que M. d'Albignac conservait au milieu de ses souffrances. Napoléon en rit beaucoup aussi lorsqu'on lui conta l'aventure.

Le Petit Tambour.

C'était en Prusse, au commencement de février 1807. La saison était des plus rigoureuses. Napoléon s'attendait à être attaqué (comme il le fut, en effet, le 8 du même mois) par l'armée russe, rassemblée dans la vaste plaine en deçà du village de Preusch-Eylau. La veille, c'est-à-dire le 7 février au matin, avant qu'il fît jour, Napoléon réveilla lui-même l'aide de camp de service, qui dormait sur une botte de paille placée en travers de la porte de la chaumière qui lui servait d'abri, et, après lui avoir légèrement secoué le bras,

—Allons, allons, Savary, lui dit-il, tout le monde debout ; nous allons faire notre tournée.

Et tandis que celui-ci va prévenir les officiers d'état-major qui doivent escorter l'empereur, ce dernier sort de la chaumière pour consulter le temps : il faisait encore plus froid que la veille, mais le clair de lune était magnifique. Il aperçoit à quelques pas un grenadier en faction, vieux grognard qui, sachant bien que les honneurs militaires ne sont dus à personne entre la retraite battue et la diane, s'était mis à l'aise, le fusil entre les jambes, et continuait tranquillement de charger une pipe qui n'avait jamais eu de tuyau.

—Dis donc, lui cria Napoléon, ne croirait-on pas qu'il fait froid ce matin?

— Mon empereur, il est sûr et certain qu'hier, à pareille heure, il faisait un peu plus chaud, répondit le grenadier, voulant par ces paroles faire allusion à l'engagement meurtrier qui avait eu lieu, la veille, entre le corps du maréchal Davoust et une division russe.

— Bah! bah! répliqua Napoléon en souriant, c'est une idée que tu as.

— C'est plutôt vous, mon empereur, qui avez eu une fameuse idée en attirant les *Russiens* dans le trou glacé qui est là-bas, pour leur chauffer bientôt un bain à grrrrrands coups de canon.

— Tu crois donc que cela pourrait mal finir pour eux?

— Mon empereur, je crois que ça finira, pour eux, par un dégel soigné qui leur donnera une leçon de politesse française au grand complet.

— Sire, dit Savary, qui avait rejoint Napoléon, pendant ce court dialogue, quoiqu'en plaisantant ce soldat dit la vérité. Jamais votre majesté ne fut si bien inspirée : jamais sa valeureuse armée ne montra plus d'ardeur et d'espérance dans le succès.

— Mon cher, ils ont voulu la guerre, reprit Napoléon en continuant de se promener les mains croisées sur le dos : je la leur sers bonne ; mais, jusqu'au bout, il nous faut la faire en braves gens et tâcher surtout d'épargner le sang de nos soldats... N'est-ce pas ? ajouta-t-il en s'adressant au grenadier.

— Mon empereur, c'est indubitable ! répondit celui-ci en présentant vivement les armes, car le soleil commençait à s'élever sur l'horizon ; mais, pour parler à mots couverts, ajouta le grognard, on ne peut pas faire d'omelette sans casser des œufs.

A ce propos, Napoléon, qui avait déjà le pied dans l'étrier pour monter à cheval, sourit amèrement; puis, faisant un petit signe de la main au vieux soldat, qui était demeuré immobile comme une statue, il partit au galop pour faire l'inspection de ses lignes, suivi de tous les officiers de son état-major, accourus successivement.

Arrivé à la tête du 4e régiment d'artillerie à pied, dans lequel il avait été capitaine quinze ans auparavant, Napoléon remarque un petit tambour âgé tout au plus de dix ou douze ans. Surpris de la taille exiguë de cet enfant, qui semble porter sa caisse avec peine, il met pied à terre, s'approche, puis d'un geste caressant lui prenant le menton pour lui relever la tête, lui demande d'un ton presque paternel :

— Quel âge as-tu donc, petit lapin ?

— Bientôt douze ans, mon empereur, répond celui-ci, dont le cœur bat avec violence.

— Eh bien ! ceux qui t'ont amené ici ont eu tort : ils auraient dû attendre encore trois ou quatre ans.

— Mon empereur, c'est maman qui l'a voulu.

— Alors tu diras de ma part à ta maman qu'elle n'a pas le sens commun ; au reste, elles sont toutes de même. Comment s'appelle ta mère ?

— Marie-Françoise Siébert, mon empereur ; elle est cantinière au 20e de ligne... elle vous connaît bien, allez !... et mon frère François aussi.

— Siébert !... fit l'empereur en fronçant légèrement le sourcil, il me semble que j'ai entendu ce nom-là quelque part : que fait ton père ?

— Il ne fait plus rien, puisqu'il a été tué à Marengo.

— Ah! ah! dit encore Napoléon en reculant d'un pas. C'est glorieux pour lui, reprit-il d'une voix grave; mais c'est malheureux pour toi.

Et, voulant éloigner de sa pensée comme de celle de l'enfant ce triste souvenir, il reprit :

— Et tu dis que tu as un frère ?... il est sans doute avec ta mère?

— Oui, mon empereur; mais lui est fifre, et bien plus grand que moi, puisque...

— Nimporte! interrompit brusquement Napoléon en appuyant sur chacune de ses paroles : tu diras à ta mère, quand tu la verras, que je t'ai trouvé beaucoup trop jeune pour faire cette campagne, et, je te le répète, qu'elle n'a pas le sens commun.

— Oh! mon empereur, je n'oserai pas, balbutia le petit tambour, qui avait baissé les yeux.

— Et pourquoi, monsieur?

— Dame, mon empereur, parce qu'on

ne dit pas cela à sa mère quand on l'aime bien.

A ces mots, Napoléon fit un mouvement involontaire ; puis, hochant la tête, il dit à voix basse à Berthier, placé près de lui :

—Le petit bonhomme a raison : il n'est pas sot. Ce n'est pas à moi à prêcher aux enfants l'oubli du respect qu'ils doivent, dans tous les cas, à leurs parents ; mais cela n'empêche pas que la mère n'ait eu tort. Voyez donc, messieurs, reprit-il ensuite, en montrant du doigt à ses officiers le jeune tambour, qui faisait rouler ses baguettes dans ses petites mains ; n'est-ce pas là de beaux soldats à opposer aux cuirassiers de Wittgenstein !

— Mais, mon empereur, reprit Siébert en se haussant sur la pointe des pieds, je n'ai pas peur, moi ! et puis je connais déjà toutes mes batteries. M. Romeuf, notre tambour-maître, me donne des leçons particulières les jours où il ne fait pas la théorie à mes camarades.

— Ah !... c'est différent ! reprit Napoléon en faisant un geste d'approbation dérisoire. Dès que M. Romeuf, le tambour-maître, te donne des leçons particulières, je n'ai plus rien à dire, si ce n'est que je l'ignorais. Au surplus, demain nous serons à même de juger de ses talents et des progrès que tu as pu faire avec ce professeur émérite.

Et, après avoir légèrement tiré l'oreille du jeune Siébert, Napoléon sourit, remonta à cheval et passa outre.

— Il est bien gentil, ce petit bonhomme, dit-il à Savary tout en passant l'inspection du régiment ; s'il lui arrivait quelque malheur, je ne le pardonnerais pas à sa mère.

La bataille d'Austerlitz fut *un coup de foudre*, au dire de Napoléon ; mais celle d'Eylau, que les Russes prétendirent avoir gagnée, bien que nous ne l'ayons jamais perdue, peut être comparée à un *tremblement de terre*, car cette bataille fut une des plus terribles que la grande armée ait jamais livrées. La matinée entière se passa en *pourparlers de mort*, selon l'expression de Murat, qui, là comme partout ailleurs, fit des prodiges de valeur. Vers les trois heures de l'après-midi, l'engagement était devenu si sanglant que les plus déterminés en eurent horreur. Une batterie de la garde, composée de huit pièces de 12, sous les ordres du général Lariboissière, tira à mitraille sur les Russes pendant plus de deux heures et les broya. La nuit seule mit fin au carnage, et notre armée bivouaqua sur le champ de bataille dans les mêmes positions où elle avait combattu toute la journée.

Le lendemain 9 février, dès le point du jour, Napoléon, comme de coutume, était à cheval. Il parcourut successivement tous les lieux que les Français et les Russes avaient occupés tour à tour pendant l'action. La terre était couverte d'une couche de neige que perçaient çà et là les cadavres des mourants et des débris de toutes sortes; partout de larges traces de sang souillaient la blancheur passagère du sol. Des détachements de prisonniers parcouraient dans toutes les directions ce vaste champ de carnage et enlevaient les blessés pour les porter aux ambulances; ce spectacle était affreux. En revenant par la plaine de Preusch-Eylau, Napoléon passa sur le terrain où la vieille garde et le corps du maréchal Davoust avaient tenu tête à toute l'armée ennemie. Là gisaient seize de nos généraux, parmi lesquels les braves d'Hautpoul, Dalhmann et Corbineau, qui commandaient des divisions de la garde impériale. En voyant cette horrible mosaïque, Napoléon dit d'une voix sourde :

— Oh ! comme la mort a passé par ici !

Au même instant, une longue file de charrettes, de brancards et de tombereaux chargés de cadavres russes déboucha dans la plaine et se dirigea vers lui. Dès que ce funeste cortége approcha, l'empereur arrêta court son cheval et tourna la tête avec vivacité.

— Halte ! fit-il en s'adressant à son état-major ; messieurs !... chapeau bas !... reprit-il d'une voix émue.

Et se découvrant lui-même avec une sorte de recueillement dès que la première charrette fut arrivée à sa hauteur :

— Honneur au courage malheureux, dit-il en faisant un salut.

Le dernier tombereau passé devant lui, il tourna bride et s'éloigna ; mais à peine avait-il fait deux cents pas qu'il aperçut au loin comme une masse informe qu'un homme vêtu d'une espèce de blouse portait sur ses épaules.

— Savary, dit-il à son aide de camp, all voir ce que c'est que cela.

Celui-ci pique des deux et revient aussitôt :

— Sire, c'est un jeune tambour que l'on dirige vers l'ambulance : il a les deux jambes emportées.

— Pauvre petit ! fit l'empereur en baissant tristement la tête.

Mais tout-à-coup, faisant un mouvement brusque sur son cheval et fixant ses yeux au ciel comme si un souvenir pénible fût venu traverser sa pensée, il reprit :

— Un jeune tambour, dites-vous?... Courez, monsieur, courez pour savoir son nom, et le numéro de son régiment?

L'aide de camp partit comme un trait. Pendant le peu de temps qu'il fut absent, Napoléon sembla agité d'une émotion qu'il tâcha vainement de maîtriser, car elle n'échappa à aucun de ceux qui étaient présents. Savary revint.

— Eh bien ! qui est-il ? demanda Napoléon avec vivacité.

— Sire, il appartient au 4ᵉ régiment d'artillerie à pied. J'ai essayé de l'interroger, mais dans l'état où est le pauvre petit, tout ce que jai pu apprendre, c'est qu'il se nomme Siébert, et...

— Ah ! mon Dieu ! je m'en doutais ! s'écria l'empereur en interrompant son aide de camp. Assez, assez, je n'en veux pas savoir davantage.

Et laissant tomber les rênes de son cheval, il porta ses deux mains à son visage en disant d'une voix entrecoupée :

— Pauvre enfant !... malheureuse mère !... Oh ! la guerre, la guerre !...

Puis, il continua tristement sa route : ses officiers gardaient un morne silence.

Cette lugubre visite du champ de bataille et surtout la rencontre du petit Siébert avaient profondément attristé l'empereur. Le major général tâcha de le consoler en lui faisant valoir la gloire nouvelle que la journée d'Eylau ajoutait à ses triomphes.

— Berthier, répondit Napoléon, en de

telles circonstances le cœur parle plus haut que la politique.

La rédaction du bulletin de cette bataille offrit la trace des poignantes pensées qui remplissaient l'âme du vainqueur, car au bas de la minute Napoléon avait ajouté de sa main :

« Le spectacle du champ de bataille
» d'Eylau est bien fait pour inspirer aux
» princes l'amour de la paix et l'horreur
» de la guerre. »

Siébert, le digne enfant, avait tenu parole : la veille, en battant la charge avec l'aplomb d'un vieux soldat au moment où une batterie russe cherchait à démonter celles de son régiment, un éclat d'affût lui avait broyé les deux genoux.

— Feu !.. vive l'empereur ! criait-il encore gisant sur la neige.

Puis il s'était adressé à un vieux canonnier :

— O mon parrain ! lui avait-il dit dans son ingénuité et d'une voix lamentable, ne me laisse pas là !.... Ce soir les *Kinserliks* me couperont en morceaux pour me man-

Le jeune Tambour.

p. 145.

ger ; emporte-moi, je t'en prie, jusqu'aux fourgons du 20e, pour que je puisse embrasser maman et mon frère avant de mourir.

L'artilleur l'avait mis sous son bras et se disposait à *l'emporter*, lorsque, après avoir remis à un autre servant le refouloir qu'il faisait manœuvrer, un boulet russe vint *en plein fouet* couper en deux le vieil artilleur : parrain et filleul restèrent sur la place. Ce ne fut que le lendemain qu'un charretier des ambulances, s'apercevant que le petit tambour respirait encore, lui avait fait boire une gorgée d'eau-de-vie qui avait ranimé ses forces, et l'avait chargé sur ses épaules, lorsqu'il fit rencontre de l'empereur.

Le pauvre enfant supporta, sans jeter un cri, la double amputation pratiquée bientôt par le chirurgien major de son régiment, et vécut assez de temps pour recevoir la croix d'Honneur, que Napoléon avait envoyée sur le-champ à son colonel pour qu'il la lui remît, mais non pas assez pour voir s'accomplir le dernier vœu qu'il avait formé : celui d'embrasser sa mère, occupée loin de là à panser son autre fils, François, qui, lui aussi, avait été blessé la veille.

Un Mot sublime.

Au mois d'avril 1809, à l'attaque de Ratisbonne, après un combat opiniâtre, le maréchal Lannes s'était enfin rendu maître de la ville, lorsqu'un officier d'état-major, quoique blessé mortellement, arrive de toute la vitesse de son cheval jusque sur le petit monticule où Napoléon se trouvait entouré de ses officiers, met pied à terre, et, se soutenant à peine, s'avance pâle et l'habit couvert de sang :

— Sire, s'écrie-t-il d'une voix pleine d'exaltation, Ratisbonne est à nous ! Voyez flotter nos drapeaux sur les murailles de la ville ! sire, voyez vos aigles !...

— Monsieur, vous êtes blessé ? interrompt l'empereur.

— Non, sire, je suis tué ! répond l'héroïque messager.

Et, en prononçant ce mot admirable, il tombe mort.

La Gloire et le Vin de Champagne.

Le 3 mai 1809, le combat d'Eberberg fut comme la préface des victoires qui allaient bientôt se succéder. Le lendemain 4, Napoléon entra dans cette ville, à laquelle les Autrichiens avaient mis le feu, la veille, en l'abandonnant. Tous les édifices étaient en cendres, et les malheureux blessés qui s'y étaient réfugiés avaient été brûlés; on n'en retrouva qu'un petit nombre de vivants au milieu de la grande place, où les flammes n'avaient pu les atteindre; mais le reste des rues et des maisons présentait le plus hideux spectacle. Pour achever le tableau, il suffira de dire que l'incendie était à peine éteint, faute d'aliments, que l'on fut obligé de faire passer les cuirassiers et l'artillerie à travers la ville, pour les porter sur la route de Vienne. Que l'on se figure tous ces hommes morts et torréfiés par l'incendie, foulés ensuite aux pieds des chevaux et écrasés sous la roue des canons! Pour sortir de cette ville, qui avait été attaquée par le général Cohorn, et où il avait perdu beaucoup de monde, il fallait marcher dans un bourbier de chair humaine. Enfin, pour tout enterrer, on fut obligé de se servir de pelles comme pour nettoyer un chemin. En parcourant des yeux cet affreux spectacle, Napoléon dit à ses aides de camp :

— Il faudrait que tous les agitateurs de guerres vissent de telles monstruosités : ils sauraient ce que leurs projets coûtent à l'humanité!

Ce général Cohorn, descendant du célèbre ingénieur hollandais de ce nom, commandait, dans le corps d'armée de Masséna, une brigade d'infanterie légère composée de Corses. Cohorn était un homme magnifique, grand dissipateur, aimant le jeu et la bonne chère par-dessus tout, et se battant avec un courage vraiment surhumain. Il avait, à la tête de sa brigade, résisté aux attaques successives que les Autrichiens avaient tentées sur le point qu'il occupait, et, voulant en finir avec eux et s'emparer de la petite ville d'Ebersberg, il avait passé au pas de course toute la longueur du pont qui la défendait, sous le feu de douze pièces de canon ennemies placées à l'extrémité opposée, et sous une grêle de mitraille et de mousqueterie qui lui était tirée des étages supérieurs de la ville. Il y avait là de quoi faire reculer d'effroi les plus intrépides; mais Cohorn, dont la valeur s'exaltait en proportion du danger, ne s'en irrita que davantage, et, malgré tout, arriva sur l'autre rive.

Or, le lendemain l'empereur, en passant devant le front de cette brigade, dont il ne restait pas la moitié sur pied, adressa la parole en italien à quelques-uns des soldats, pour s'assurer s'ils n'étaient pas démoralisés par la perte effrayante qu'ils avaient éprouvée la veille; puis, arrivé devant leur chef :

— Général, lui dit-il d'un ton sévère, vous vous êtes imprudemment engagé hier; je n'aime pas les bravades inutiles.

— Sire, c'est que la gloire est comme le vin de Champagne, elle monte à la tête.

— Mais, monsieur, le sang de mes soldats n'est pas comme l'argent que vous jetez par les fenêtres : ce sang ne saurait être trop économisé. Voyez ce qui reste de votre brigade ! à peine la moitié!

— En ce cas, sire, il y en a encore pour une fois !

— Quel diable d'homme ! murmura Napoléon en s'éloignant, plein tout à la fois d'épouvante et d'admiration pour cette réponse d'un cynisme si sublime.

Humanité après la victoire.

Trois semaines environ après l'affaire d'Ebersberg, un autre combat non moins opiniâtre que celui d'Esling, s'engageait entre les deux armées française et autrichienne. Masséna y échangea son titre de duc contre celui de prince ; mais la France et Napoléon y firent une perte irréparable, celle du maréchal Lannes, qui, comme on sait, y fut blessé mortellement. La bataille dura trente heures. Des deux côtés les pertes furent énormes; les Autrichiens comptèrent plus de neuf mille morts. Le lendemain les premiers rayons du jour trouvèrent Napoléon parcourant le champ de bataille. La nuit avait été employée à relever les blessés; de tous les côtés on ensevelissait des morts. Quelque horrible que fût ce spectacle, il avait attiré de toutes les campagnes environnantes un grand nombre de curieux. De pauvres habitants s'occupaient à ramasser les boulets, les cuirasses et les armes qu'on voyait épars çà et là. Tous les villages avaient plus ou moins souffert par l'encendie et le pillage. Des paysans rôdaient tristement autour des restes de bivouacs pour tâcher de recueillir des débris de quelques portes, de quelques volets, et retirer leurs meubles des tas de bois que les feux du camp n'avaient pas consumés. Napoléon, qui avait sous les yeux ce désolant tableau, se montra profondément sensible aux calamités qui l'entouraient.

Son premier soin, en arrivant à la maison du village d'Ehrsdorn, qui lui servait de quartier-général, fut de donner à la hâte ses instructions à tous les chefs de corps ; après quoi il dit :

— Maintenant, occupons-nous sérieusement des hôpitaux.

Il donna ordre à ses aides de camp de les visiter tous. Ceux-ci portèrent une gratification de 60 fr. en écus à chaque soldat blessé, et de 150 fr. à 1,500 fr. aux officiers, selon les différents grades ; il en fit donner de plus considérables aux généraux qui étaient dans cet état. Pendant plusieurs jours, les aides de camp de l'empereur n'eurent pas d'autre mission. Napoléon avait recommandé qu'on ajoutât à cette distribution tout ce qui était fait pour consoler ces malheureux. On procédait ordinairement à ces visites en grand uniforme, en compagnie du commissaire des guerres, des officiers de santé, des médecins et chirurgiens en chef et du directeur. Le secrétaire de l'hôpital marchait en avant avec le registre des malades ; il les nommait à haute voix, ainsi que le régiment auquel ils appartenaient, puis on mettait douze pièces de cinq francs à la tête du lit du blessé ;

il y avait pour cela quatre valets de pied de l'empereur, en grande livrée, portant des corbeilles pleines d'or et d'argent. Les sommes affectées à ces gratifications n'étaient jamais prélevées dans les caisses de l'armée : elles provenaient de la cassette particulière de Napoléon.

On pourrait faire un recueil bien précieux pour l'histoire et pour la gloire de la grande armée de toutes les expressions de la reconnaissance de ces braves gens : de grosses larmes disaient assez qu'ils étaient sensibles à ce souvenir de leur empereur.

Le Capitaine de bois.

Napoléon, comme tous les grands hommes, avait ses bons et ses mauvais quarts-d'heure. On connaît la présence d'esprit de ce jeune lieutenant sorti de l'école militaire de Saint-Cyr, que l'empereur remercia du titre de capitaine parce que, son chapeau étant tombé, celui-ci s'était empressé de le lui présenter,

Napoléon était alors dans un de ses bons moments. Le voici maintenant dans un de ses mauvais quarts-d'heure.

Le lendemain d'un engagement qui n'avait pas tourné comme il le désirait, il passe la revue d'un des régiments qui y avaient pris part.

— Qui commande cette compagnie? demande-t-il brusquement en se présentant devant le front des voltigeurs.

— Sire, répond un officier qui sort aussitôt des rangs, c'est moi.

— Est-ce que vous êtes capitaine?

— Non, sire; mais je suis du bois dont on les fait.

— C'est bien, monsieur; quand je ferai des capitaines de bois, je penserai à vous.

L'homme aux Pommes de terre.

Le 5 juillet 1809, veille de la bataille de Wagram, contre son habitude, Napoléon ne dormit pas du tout. Ses aides de camp se tenaient debout pour lui garantir les yeux de l'ardeur du feu avec le pan de leurs manteaux ; mais soit qu'il eût froid, soit que son esprit fût trop occupé des événements qui devaient avoir lieu le lendemain, il voulut tout voir par lui-même, et, revêtu de sa redingote grise, il alla inspecter les bivouacs que sa garde avait formés autour de son quartier. Il partit seul, à une heure du matin, par une nuit sombre et pluvieuse.

Arrivé à un des bivouacs où tous les hommes s'étaient endormis auprès d'un feu presque éteint, voyant des pommes de terre qui cuisaient sous la cendre, il lui prit fantaisie d'en manger une, et se mit en devoir de la tirer du feu, en écartant quelques charbons à l'aide de la pointe de son épée. Au même instant, l'un des dormeurs ouvrit les yeux, et, apercevant un individu en train de lui ravir une part de son souper, il lui cria d'un ton brusque, sans cependant bouger de sa place :

— Eh ! dis donc, *monsieur Sans-Gêne !* si tu voulais bien respecter nos pommes de terre et aller chercher tes comestibles ailleurs!

—Mon camarade, répondit Napoléon en faisant un *cache-nez* du collet de sa redingote, qu'il releva, j'ai tellement faim que tu me permettras bien d'en prendre une seulement.

—Ah! c'est différent, passe pour une, même pour deux, puisque tu as de l'appétit; mais dépêche-toi, et demi-tour à droite, pas accéléré... file!

Comme Napoléon ne se pressait pas d'obéir à l'invitation, le soldat répéta plus vivement encore son commandement, en ajoutant:

— Ne te le fais pas réitérer, car je ne suis pas de bonne humeur pour le moment.

Napoléon n'en continua pas moins à fouiller dans les cendres; alors le soldat, perdant patience, se leva, s'élança contre le maraudeur, et déjà il l'avait saisi par le collet, lorsqu'il reconnut l'empereur.

Peindre la stupéfaction, la honte et la douleur du grognard serait impossible. Tombant alors aux pieds de Napoléon:

— Mon empereur, lui dit-il en embrassant ses genoux, je suis un brigand ! faites-moi fusiller, j'ai mérité la mort !

— Tais-toi, lui répond Napoléon, en lui ettant la main sur la bouche, tu vas ré-eiller tes camarades, qui ont besoin de epos.

— Non, mon empereur, il faut que tout e monde sache que je suis un scélérat, que 'ai osé porter la main sur vous, et que je érite d'être fusillé...

— Relève-toi, te dis-je, je ne t'en veux as ; c'est moi qui ai eu tort : j'ai été entêté ; e n'aurais pas dû toucher à vos pommes de erre.

— Ah ! mon empereur ! tenez, tenez, pre-ez celle-ci, c'est la plus cuite... ; non, celle-à, c'est la plus grosse... Ah ! misérable que e suis !... Prenez-les toutes, sire.

Et le soldat lui présentait, les unes après es autres, les pommes de terre, qu'il allait hercher, avec ses doigts, au milieu des char-ons ardents.

— Tu vas te brûler les mains, malheureux ! lui disait Napoléon en cherchant à le relever; garde tes pommes de terre, je n'ai plus faim.

— Oh! sire, voyez comme celle-là est bien rissolée. Je suis un brigand. Pardonnez-moi, mon empereur, pardonnez-moi.

Puis il attirait à lui le pan de la redingote de Napoléon, qu'il couvrait de baisers. Voulant mettre fin à cette scène, qui pouvait devenir fatale à ce soldat si elle avait eu des témoins, Napoléon lui dit d'un ton d'impatience :

— Ah çà, veux-tu bien te taire et me laisser partir, ou je me fâche!

Et, lui ayant fait lâcher prise, il ajouta à voix basse :

— Je te pardonne, te dis-je, je ne t'en veux plus; sois tranquille pour le présent comme pour l'avenir.

Et, mettant un doigt sur ses lèvres, il ajouta:

— Mais surtout ne parle de ceci à personne.

Cela dit, il s'éloigna et revint à son quartier-général.

Le 6 juillet, à trois heures du matin, il était à cheval et parcourait les terrains en avant du centre de son armée.

— Il s'agit de voir clair dans l'échiquier, avait-il dit à son état-major.

A quatre heures, par le plus beau temps du monde, une forêt de baïonnettes étincelait au soleil dans l'immense plaine de Wagram : une immense artillerie la précédait. Tel était le prélude de cette fameuse bataille où, durant l'action, au dire du général Dupas, une colonne entière d'Autrichiens *disparut* du champ de bataille sans qu'on pût jamais savoir quel était son sort. Cette large plaine, qui, deux jours auparavant, était couverte de riches moissons, n'était plus, le soir, qu'un horrible charnier où des cadavres entassés gisaient dans le sang parmi des habitations à demi consumées. Le carnage fut si grand que le 10, c'est-à-dire quatre jours après la bataille, on ramassait encore, au milieu des blés, des hommes mutilés que leurs blessures n'empêchaient pas de crier : *Vive l'empereur !* Pour sa part, Napoléon s'était exposé avec la témérité d'un soldat ; et, au fort de l'action, dans le moment même où on se battait à coups de canon comme on se bat à coups de fusil, quand on fait des feux de peloton, le général Walter, commandant les grenadiers à cheval de la garde, lui avait crié :

— Encore une fois, sire, ce n'est pas ici votre place ! Retirez-vous, ou je vous fais enlever par mes grenadiers, et *coffrer* jusqu'à ce soir dans un de mes caissons.

— Il en serait capable, avait dit Napoléon au prince de Neufchâtel, en s'éloignant au pas de son cheval.

Le lendemain de la bataille, à quatre heures du matin, Napoléon sortit de sa tente, qui avait été dressée sur le champ de bataille même ; et, se promenant autour des bivouacs du quartier-général, seul, à pied, et, chose extraordinaire, sans chapeau, il s'entretint familièrement avec les soldats de sa garde ; sa figure exprimait la satisfaction et la confiance. Sur les six heures, étant monté à cheval, il se mit à parcourir le terrain pour voir si l'administration de l'armée avait fait son devoir. On était au moment de la récolte ; les blés étaient très-hauts, et l'on ne voyait pas les hommes couchés par terre ; de sorte que plusieurs de ces malheureux blessés, qui n'avaient point été aperçus la veille, avaient, en guise de signal, mis leur mouchoir au bout de la crosse de leur fusil, fiché en terre du côté de la baïonnette, pour qu'on vînt à leur secours.

Napoléon alla lui-même à chaque endroit où il aperçut un de ces signaux, parla aux blessés qui s'y trouvaient, et ne voulut pas retourner à sa tente avant que le dernier n'eût été enlevé. Il n'avait gardé personne autour de lui, et avait ordonné au grand-maréchal de se charger de cette surveillance et de faire activer le plus possible le service des ambulances. Tout en continuant de parcourir le champ de bataille, Napoléon s'arrêta un moment sur l'emplacement qu'avaient occupé, la veille, les deux divisions de Macdonald et de Marmont. La terre y avait été labourée par les boulets, et il put juger de l'énormité des pertes qu'avaient faites les Autrichiens. Sur une étendue d'environ une lieue carrée, il n'y avait pas un endroit qui ne fût couvert de morts ou de blessés. Cela formait des montagnes de cadavres. Le reste du sol était couvert de biscaïens aussi nombreux que des grêlons après un violent orage.

Napoléon reconnut parmi les morts le colonel d'un régiment d'*infanterie de bataille*, dont il avait eu à se plaindre. Cet officier, qui avait fait la campagne d'Égypte avec lui, avait ensuite fait preuve d'ingratitude envers son général en chef, croyant ainsi gagner les bonnes grâces du général Kléber. Au retour de l'armée d'Égypte en France, Napoléon, qui avait eu beaucoup de bienveillance pour ce chef de corps durant la campagne d'Austerlitz, ne lui avait témoigné aucun ressentiment; mais en revanche il ne lui avait accordé aucune des faveurs dont il s'était plu à combler tous ceux qui l'avaient accompagné, soit en Italie, soit en Égypte. En le voyant ainsi couché, Napoléon le regarda un moment d'un œil attendri, et dit ensuite :

— Je suis fâché de n'avoir pas trouvé l'occasion de lui parler hier : je lui aurais dit que depuis long-temps j'avais tout oublié, excepté ses services.

A un cri de *vive l'empereur!* qui vint alors

frapper son oreille, Napoléon se retourne et aperçoit à quelques pas de lui, étendu sur le revers d'un petit fossé, un canonnier du 6e régiment d'artillerie. qui n'avait plus de jambes; il s'approche de ce soldat :

— Est-ce donc là tout ce que tu as à me dire? lui demande-t-il avec bienveillance.

— Pour le moment, oui, mon empereur; cependant il est bon que vous sachiez que j'ai à moi seul *démantibulé* quatre pièces de canon à ces satanés de *Kinzerlichs*, et que c'est le plaisir de les avoir enfoncés qui me fait oublier que je vais *tortiller de l'œil indéfiniment*.

Napoléon, ému, serra la main de ce canonnier, et lui dit :

— Si tu en reviens, mon brave, à toi l'Hôtel des Invalides ou la pension.

— Merci, mon empereur; mais la saignée a été trop forte pour que j'aille jusque là. Quant à ma pension, je crois qu'elle ne vous coûtera pas cher, car je vois bien qu'il faut descendre la garde pour la dernière fois; et voilà pourquoi je jouis de mon reste pour crier : *Vive l'empereur!* Enfoncé les Kinzerlichs!

Non loin de ce petit fossé, l'empereur aperçut un jeune maréchal-des-logis de carabiniers qui vivait encore quoiqu'un biscaïen lui eût fracassé la tête ; mais la chaleur et la poussière ayant coagulé le sang presque aussitôt, le cerveau n'avait reçu aucune impression de l'air extérieur, et ce sous-officier pouvait espérer de survivre à cette blessure. Napoléon met pied à terre précipitamment, lui tâte le pouls, et, à l'aide de son mouchoir, lui ayant débouché les narines, qui étaient pleines de terre, il lui versa quelques gouttes d'eau-de-vie sur les lèvres. Le blessé ouvrit les yeux, parut d'abord insensible à l'acte d'humanité dont il était l'objet, puis il fixa ses regards sur l'empereur, qu'il reconnut ; ses yeux se remplirent alors de larmes ; quelques paroles entrecoupées s'échappèrent de sa bouche :

— O mon empereur! c'est bon de mourir comme cela, dit-il en faisant un effort pour saisir une des mains de Napoléon, qui lui soutenait la tête ; mais dépêchez-vous : il y en a d'autres qui attendent, car, pour moi, c'est fini!

Ce brave carabinier mourut entre les mains de l'empereur.

Napoléon remonta à cheval sans dire mot, et, rebroussant chemin, revint au milieu de ses troupes, qui commençaient leur mouvement pour suivre l'ennemi en pleine retraite; mais à peine avait-il fait quelques pas, qu'il aperçut un soldat qui semblait se diriger vers lui : son costume avait quelque chose d'étrange. La tête empaquetée dans des langes qui ressemblaient assez aux turbans des mamelucks de la garde, ce blessé avait sur les épaules un dolman richement brodé qui provenait de la dépouille de quelque officier supérieur autrichien, et portait un large pantalon de toile blanche fermé au-dessus de la cheville, comme les portaient alors les grenadiers de la garde en campagne.

— Qu'est-ce que cette mascarade? dit Napoléon en fronçant le sourcil et en arrêtant son cheval au moment où ce singulier personnage était arrivé près de lui.

— Mon empereur, s'écria le soldat en faisant le salut militaire, me *revoilà !*

— Ah ! ah ! fit Napoléon, se doutant bien à ce langage que cet homme, malgré sa mise hétéroclite, devait être un de ses grognards privilégiés ; comment t'appelles-tu ?

— Est-ce que vous ne vous souvenez plus de moi, mon empereur ?

— Comment veux-tu que je te reconnaisse ainsi fagoté ?

— C'est vrai ; je dois avoir l'air d'un Turc d'Égypte. Ce sont ces farceurs de carabins qui m'ont déguisé ainsi, hier au soir, après m'avoir ficelé la tête pour que je n'en perde pas les morceaux ; mais, malgré les conseils de mes chefs, j'ai mieux aimé vous voir aujourd'hui que de me rendre à l'hôpital, persuadé que cela me ferait plus de bien. Je me sens déjà plus de forces.

— J'en suis enchanté ; mais tout cela ne me dit pas qui tu es ?

— Je suis l'*homme aux pommes de terre*, dit le soldat d'un ton mystérieux, en baissant la voix et se rapprochant de l'empereur : vous savez... avant-hier... c'est moi qui...

— Ah ! c'est toi ! se hâta d'ajouter Napoléon pour empêcher ce soldat d'en dire davantage ; tu as donc été blessé grièvement à la tête ?

— Un rien du tout : trois coups de latte sur la *coloquinte !* Sans ma queue tout de même, ce grand *Lansmann* de je ne sais quel régiment me décollait la boule ; j'ai senti le moment où je n'avais plus qu'à me baisser pour la ramasser. C'est égal, j'avais mérité pire que ça !

— Cela ne sera rien, tranquillise-toi ; avec un peu de repos et quelques compresses d'eau-de-vie camphrée...

— C'est ce que les carabins m'ont dit. Aussi, depuis hier, j'en ai déjà bu pas mal.

Ici Napoléon ne put s'empêcher de rire de la manière dont le blessé avait jugé à propos de s'appliquer le remède ; puis, reprenant son sérieux, il ajouta d'un ton plein de bienveillance :

— Je sais que tous, vous vous êtes conduits en braves. Que veux-tu ?... est-ce de l'argent ?

— De l'argent !... fi donc, mon empereur !

j'en ai de trop : ma masse est au grand complet; à votre service...

— C'est donc de l'avancement dans ton régiment ?

— Pas si conscrit! je suis trop vieux maintenant. Depuis treize ans j'ai moisi dans les chevrons. Ce que je voudrais... ô mon empereur!... voyez-vous, ce qu'il me faut... c'est...

Et comme le vieux grenadier mettait une sorte d'hésitation ou plutôt de modestie à faire l'aveu de l'objet de ses désirs, Napoléon tâcha de l'enhardir en lui disant :

— Voyons, explique-toi, parle; je suis pressé, on m'attend.

— Eh bien! c'est le bijou en question que je voudrais, reprit le soldat, la poitrine comme soulagée d'un poids énorme.

— Ah! je comprends... tu n'es pas difficile, toi!.... mais l'as-tu mérité ?

A cette demande, le vieux guerrier redressa la tête avec fierté, et, fixant sur Napoléon un regard étincelant, il reprit avec emphase et en traînant chacune de ses paroles :

— Si je l'ai méritée?... quelle bêtise!...

mais, mon empereur, puisque voilà cinq batailles de suite où je fais mon possible pour me faire tuer sans avoir ce bonheur-là : Austerlitz, Iéna, Eylau, Friedland, et hier, avec ces grands *Lansmanns* qui ont des casques en pains de sucre et des sabres longs de deux aunes !... Si je l'ai méritée !...

— C'est bon ! c'est bon ! se hâta d'interrompre Napoléon pour en finir ; puisqu'il en est ainsi, je crois que tu l'as bien gagnée ; Tiens ! mais promets-moi de te rendre à l'instant à l'hôpital pour te faire soigner.

En disant ces mots, Napoléon avait détaché sa croix et l'avait offerte au soldat.

Celui-ci, en la recevant des mains de l'empereur, était tombé à deux genoux et l'avait portée convulsivement de son cœur à ses lèvres et de ses lèvres à son cœur, sans pouvoir même, dans l'excès de son ravissement, trouver une parole de remercîment. Quant à Napoléon, accoutumé à ces sortes de scènes, il avait profité de l'extase dans laquelle le vieux brave était plongé pour continuer sa marche ; seulement lorsqu'il eut fait une vingtaine de pas, il tourna la tête, et. apercevant le grenadier, qui, resté à genoux à la même place, avait les bras étendus vers lui, il lui fit de la main un signe amical, comme s'il eût voulu lui dire : *Adieu, nous nous reverrons.*

Le soldat se releva, et de nouveau couvrit de baisers cette croix qu'il contemplait avec ivresse ; puis il murmura d'une voix sombre, et comme sous le poids d'un remords poignant :

— Et quand je pense que c'est à lui que j'ai refusé une pomme de terre !...

Une Leçon de Valse et une Leçon de Politesse.

C'était au mois de mars 1810 ; on attendait d'un jour à l'autre la fille de l'empereur d'Autriche, Marie-Louise, que Napoléon avait déjà épousée, à Vienne, par procuration. Il était au salon avec son beau-frère Murat, la reine Hortense et la princesse Stéphanie, sa nièce, lorsque celle-ci lui demande malicieusement s'il sait valser.

— Ma foi, répond Napoléon, un peu surpris de la question, je n'ai jamais pu aller au-delà d'une première leçon, parce qu'après deux ou trois tours il me prend des éblouissements qui m'empêchent de continuer; mais, Stéphanie, ajoute-t-il, à quoi bon cette demande?

— Sire, reprend la princesse, c'est qu'il est fâcheux que votre majesté ne sache pas valser; les Allemandes étant folles de la valse, l'impératrice, devant nécessairement partager le goût de ses compatriotes et ne pouvant avoir d'autre cavalier que votre majesté, se trouvera privée d'un grand plaisir.

— Ah! mon Dieu! vous avez raison, Stéphie; il faut absolument que je sache valser. Mais comment faire?... Si vous vouliez être assez bonne pour me l'apprendre, vous, qui valsez comme une sylphide? vous me donneriez une leçon tous les jours. Tenez, commençons tout de suite, si vous voulez, à fin que je vous donne une idée de mon savoir-faire.

Et Napoléon, se levant, enlace de ses bras la taille de sa nièce, et fait quelques pas avec elle en fredonnant la fameuse valse de *la reine de Prusse;* mais à peine a-t-il fait assez gauchement deux ou trois tours dans le salon, que la tête lui tourne, et que, n'y voyant plus, il est obligé de s'arrêter et de s'appuyer contre une console pour ne pas tomber. Murat, l'ayant aidé à s'asseoir, lui dit en souriant :

— Sire, en voilà bien assez pour nous convaincre que vous ne serez jamais qu'un mauvais écolier; votre majesté est faite pour donner des leçons, et non pour en recevoir.

—Ma foi, mon cher, reprend Napoléon, tout essoufflé et s'essuyant le front, ne pouvant faire valser ma femme, je tâcherai de la faire danser; j'ai pour moi *la Monaco,* ce n'est pas difficile. Il est vrai que c'est toujours la même chose, mais il faudra bien qu'elle s'en contente.

Napoléon n'avait voulu s'en rapporter qu'à ses propres yeux du soin de juger si la corbeille et les présents de noces étaient dignes de la nouvelle impératrice. Toutes les parures, les fleurs, les étoffes, les dentelles et les pierreries avaient été, par son ordre, apportées aux Tuileries, et étalées sous ses yeux, dans l'ancien cabinet de toilette de Joséphine, pour être ensuite emballées en sa présence. Au moment où un des emballeurs plaçait plusieurs paires de souliers de satin dans une caisse particulière, Napoléon prit un de ces souliers, et après avoir examiné curieusement et retourné en tous sens :

— Voilà, s'écria-t-il, un soulier de bon augure! Il n'y a pas, je crois, beaucoup de pieds aussi jolis que celui-là.

Puis, appliquant un petit coup de la semelle sur la joue d'un de ses pages, qui avait, en souriant, avancé la tête pour juger, lui aussi, de la petitesse du pied de sa souveraine, il lui dit, moitié gaîment et moitié sérieusement :

— Attrape!... voilà, monsieur, ce que l'on gagne à être trop curieux, et à oser se permettre de rire de ce que je dis.

Une Naïveté.

Napoléon n'avait d'heure fixe ni pour son coucher ni pour son lever. Quelquefois, dès quatre heures du matin, il était sur pied. Les ministres devaient se trouver aux Tuileries à six heures en été, à huit heures en hiver. Un seul, le duc de Decrès, ministre de la marine, qui, sous la restauration, fut assassiné par son valet de chambre, n'arrivait jamais à l'heure. Quoique Napoléon affectionnât cet administrateur, il le rudoyait lorsque le matin il s'était fait trop attendre.

— Est-ce que vous êtes malade, monsieur le duc? lui demandait-il assez durement.

— Non, sire.

— Au fait, vous avez une maladie avec laquelle vous êtes venu au monde : la paresse.

. . . .

Après son mariage avec Marie-Louise, il conduisit la jeune impératrice à Cherbourg. On faisait alors dans ce port d'importants travaux; Napoléon s'embarqua un matin avec le ministre de la marine, qui l'avait accompagné dans cette tournée pour aller visiter une écluse destinée à prévenir l'envasement. Pendant le trajet, il s'entretint familièrement avec un vieux marin auquel il avait donné pour retraite la place de capitaine de port. L'embarcation impériale arrivée dans le voisinage de l'écluse, Napoléon examine attentivement ce grand travail, et, s'adressant au vieux marin, lui demande son avis, en disant :

— Eh bien, qu'en pensez-vous?

— Sire, je pense que c'est beaucoup d'argent jeté à l'eau en pure perte.

— Comment cela? Ne croyez-vous donc pas qu'une pareille écluse puisse suffire pour empêcher les irruptions de galet? On me l'a cependant assuré.

— Sire, celui qui a dit cela à votre majesté est un... imbécile.

A ces mots, Napoléon se retourna avec vivacité vers le ministre de la marine :

— Vous l'entendez, monsieur le duc, lui dit-il en souriant; certes, ce n'est pas moi qui le lui fais dire.

A propos de la Tragédie de Mahomet.

La tragédie de *Mahomet*, de M. Baour-Lormian, fut représentée, pour la première fois, au *Théâtre-Français*, le 9 mars 1811, c'est-à-dire peu de jours avant la naissance du roi de Rome. Talma, chargé du rôle principal, en retarda la mise en scène. Malgré toute la sublimité de son talent, il avait une manie : celle de vouloir toujours substituer ses propres idées à celles de l'auteur, et de ne chercher dans toutes ses combinaisons que celles qui pouvaient faire dominer le personnage qu'il devait représenter. Il donnait quelquefois d'excellents conseils ; mais il fallait se tenir en garde contre la multitude des changements qu'il proposait, et qui ne tendaient à rien moins qu'à refondre le premier plan et la marche de la composition. La pièce avait été lue au comité sous le titre insignifiant d'*Eronyme*, l'un des principaux personnages de la pièce ; mais Talma, remplissant le rôle de *Mahomet*, voulut que la tragédie portât ce nom : l'auteur céda, par déférence. Ce nouveau titre imposait l'obligation de développer dans toutes ses parties le caractère historique du farouche conquérant, et dans la première version, il ne paraissait qu'en seconde ligne. Il résultait de ce changement, léger en apparence, une sorte d'embarras et de confusion dans la conduite générale de la pièce.

Enfin, après six mois de répétitions et de remaniements, le jour de la première représentation fut inscrit sur l'affiche. M. Baour se rendit le matin vers midi au théâtre, et les acteurs lui apprirent, avec un mécontentement marqué, que la représentation ne pouvait avoir lieu, parce que Talma n'était pas encore satisfait de son costume. Que l'on juge du désappointement de l'auteur! Talma était absent; il alla chez lui. En quittant le péristyle du théâtre, il eut l'agrément de voir afficher *le Légataire universel.*

En entrant chez Talma, qui logeait alors rue de Seine, à l'ancien hôtel Mirabeau, M. Baour le vit entouré de trois ou quatre individus, avec lesquels il s'entretenait : c'étaient des tailleurs; et il aperçut, sur une table dressée au milieu de la chambre, des dolmans, des tuniques, des schalls, des turbans, sans compter une multitude de barbes. Aussitôt qu'il aperçut l'auteur, il s'écria :

— *Ah! mon bon*, je suis bien aise de vous voir.

— Je venais m'assurer, lui dit celui-ci, si une indisposition subite vous empêchait de jouer ce soir; mais je m'aperçois, à votre figure et à l'éclat de votre voix, que j'ai entendue en montant, que vous vous portez à merveille. Quelle raison me donnez-vous pour justifier un ajournement qui me paraît sans motif?

— Comment, sans motif! lui répondit-il; mais je n'ai point encore complété mon costume. J'en ai bien la plus grande partie, mais la plus essentielle me manque, celle qui doit donner le plus de physionomie à Mahomet.... la barbe!

— Mais il me semble que vous n'avez ici que l'embarras du choix.

— En voici plus de quinze que Dublin m'a

fait essayer : aucune n'a le genre de nuance que j'exige.

Là-dessus il tâcha de prouver à M. Baour que, sans une barbe convenable, il ne pouvait représenter dignement le vainqueur de Byzance. L'auteur eut beau le presser, ce ne fut que huit jours après qu'il parut dans le harem de la rue Richelieu avec une barbe de son goût.

Les premiers actes furent accueillis avec une extrême faveur ; mais au cinquième, une situation malheureuse, dans laquelle Mahomet démentait son caractère, fut généralement improuvée. Eclairé par le grand jour de la scène, malgré son amour-propre d'auteur, M. Baour ne put se dissimuler que le public avait raison, et, le rideau baissé, il se rendit dans la salle d'assemblée des acteurs, avec l'intention de retirer sur-le-champ sa pièce du répertoire. Tous se récrièrent, surtout Talma. Comme sa barbe avait parfaitement réussi, il comprit aisément qu'il ne serait pas fâché de la montrer encore quelquefois aux spectateurs. Peut-être aussi entrevoyait-il la possibilité d'atténuer, d'une manière sensible, les défauts du cinquième acte. La pièce était donc affichée pour le surlendemain, lorsque la Comédie-Française reçut l'ordre de la jouer le même jour aux Tuileries.

Marie-Louise, alors au dernier temps de sa grossesse, ne pouvant se déplacer, on improvisa dans un salon contigu à ses appartements un petit théâtre dont trois acteurs remplissaient l'étendue; et lorsque Talma-Mahomet fit son entrée, il ne put être suivi que d'un seul janissaire. L'auteur assistait, dans la coulisse, à ce simulacre de représentation, que le grand tragédien appelait plaisamment *une lecture habillée*. L'assemblée, comme on peut le croire, était peu nombreuse; elle se composait uniquement de l'empereur, de l'impératrice, des ministres, des grands-officiers de la maison, des dames de service au palais et de quelques membres du corps diplomatique. La pièce fut écoutée dans un silence absolu, tel que l'exigeait cette étiquette qui glace le jeu des acteurs.

M. Baour avait retouché de son mieux ce

néfaste cinquième acte : *Mahomet* fut joué onze fois, et onze fois la même situation, quoique modifiée, provoqua les mêmes marques d'improbation. Dès ce moment, l'auteur ne délibéra plus, et déclara aux artistes de la Comédie-Française que *Mahomet II* ne ferait plus partie de leur répertoire.

Six semaines après, M. Baour reçoit l'invitation de se rendre au palais; Napoléon le faisait demander pour le lendemain à dix heures précises du matin. On peut croire qu'il fut exact au rendez-vous. M. de Rémusat, en sa qualité de premier chambellan, sur-intendant des spectacles de la cour, le reçut, et l'introduisit dans un salon meublé avec beaucoup d'élégance. Les murs étaient décorés par des tableaux de l'école moderne; on y remarquait l'*Ossian* de Gérard et son *Bélisaire*. L'empereur était assis devant une petite table incrustée, de porcelaine de Sèvres, à compartiments, et dont les pieds de bronze triangulaires étaient richement ciselés. On voyait sur cette table quelques mets, entre autres des crépinettes, dont lui-même avait donné la recette à son maître d'hôtel, car, depuis son mariage, Napoléon était devenu quelque peu friand. Son visage en ce moment avait une expression presque joviale; il est vrai qu'il se trouvait au faîte de sa gloire et de sa puissance. L'Europe tributaire se taisait devant lui; un fils, habillé dès son berceau de la pourpre royale, venait de naître pour affermir sa dynastie, et semblait lui présager un éternel avenir. Tant de bonheur avait déridé ce front, naturellement grave et quelquefois soucieux. En apercevant M. Baour il lui dit, avec cette parole incisive et brève qui lui était si familière :

— J'ai lu votre tragédie : elle est détestable!

— Si ce dernier n'avait su que Napoléon se faisait quelquefois un malin plaisir d'intimider d'abord les personnes qu'il faisait appeler, ce début était de nature à le dérouter complétement; aussi garda-t-il le silence. Napoléon continua :

— Votre Mahomet est un imbécile de s'être engoué sottement d'une pimbèche qui ne veut pas de lui. Un pareil homme, qui coupait la tête à ses maîtresses, ne doit point se mêler d'une intrigue de sérail : c'est le rapetisser ; il fallait le placer dans un cadre politique. Corneille seul savait faire parler et agir les rois ; mais vous autres poètes, vous n'y entendez rien. Parce que vous savez faire des vers, vous vous croyez de grands hommes. Les vers ne sont que la broderie de l'étoffe dramatique.

M. Baour l'écoutait attentivement, et ne pouvait lui répondre, car il ne lui en eût pas laissé le temps.

— Les petites scènes d'amour sont usées pour la tragédie, continua-t-il ; notre époque grandit ; il faut que tout grandisse avec elle. Pourquoi avez-vous retiré votre pièce ? elle continuait d'attirer la foule.

— Oui, sire ; mais on s'obstinait à murmurer au dénoûment, répondit enfin M. Baour.

— Vous ne dites pas tout : vous avez eu peur du *Journal de l'Empire* (aujourd'hui *les Débats*), vous avez craint Geoffroy. C'est un chien hargneux qui aboie ; il fallait, comme vos confrères, jeter un gâteau de miel dans la gueule du cerbère ; votre *Mahomet*, malgré ses défauts, aurait eu vingt représentations de plus. Ce nombre constatait un succès; c'est vous-même qui avez ratifié votre chute.

Et après avoir prononcé ces mots, Napoléon acheva de vider la petite tasse de porcelaine placée devant lui; puis, se levant, il fit quelques pas dans le salon, et, revenant à M. Baour, il lui dit d'un ton bienveillant:

— Allons, je vous ai tenu assez long-temps sur la sellette; j'ai dû froisser un peu votre amour-propre languedocien; mais vous avez bravement soutenu l'assaut, et j'aime cela. J'ai causé de votre pièce avec Talma; il m'en avait lu quelques scènes qui étaient fort bien: quant au mérite de la poésie, tout le monde s'accorde là-dessus. Maintenant, que prétendez-vous faire?

— Puisque votre majesté le permet, j'aurai l'honneur de lui dire que je ne me tiens pas pour battu.

— A la bonne heure! dit Napoléon en souriant.

— Mon intention est, non pas de retoucher, mais de refondre l'ouvrage. Eclairé par l'expérience, je tâcherai qu'il plaise au monarque, qui n'a pas besoin que le pouvoir suprême donne du prix à son suffrage.

— Ferez-vous encore Mahomet amoureux?

— Oui, sire; mon cadre l'exige.

— Au moins ne lui donnez pas un rival; car s'il en a un, et qu'il le découvre, il faut qu'il le fasse étrangler sur-le-champ, et alors votre pièce est finie. Je vous le répète, il faut plus vous appuyer sur l'histoire que sur le roman; notre tragédie a besoin d'être renouvelée, il nous faut des conceptions larges; les vers ne doivent venir qu'après.

En disant ces mots la physionomie familière de Napoléon redevint grave et sévère, et d'un signe de tête il congédia M. Baour.

Mais comme l'empereur passait dans la pièce voisine :

— Sire, lui dit l'auteur, oserai-je demander à votre majesté la permission de lui soumettre mon nouveau travail?

— Volontiers, lui répondit-il; et il le quitta.

En rentrant chez lui, M. Baour écrivit la

conversation qu'on vient de lire, pour n'en point oublier les détails. C'est ainsi que Napoléon se plaisait à encourager les écrivains, en leur accordant l'honneur d'être admis à son entretien; et l'auteur de *Mahomet* obtint plus d'une fois cette faveur. Plus de trente ans se sont écoulés depuis cette époque. La pièce, refaite sur un plan plus vaste et en grande partie d'après les observations judicieuses de Napoléon, attend dans le portefeuille de l'auteur et attendra long-temps sans doute que messieurs les Comédiens Français se décident à la soumettre de nouveau au jugement du public.

Le bien vient quelquefois en dormant.

Napoléon ne souffrait pas qu'on le fît attendre, et, pour éviter cet inconvénient, il voulait avoir tout son monde sous la main. Un soir, après avoir beaucoup travaillé avec Réal, il se prit à dire à ce conseiller-d'état:

— A propos! avez-vous une campagne?

— Oui, sire, j'en ai une assez gentillette, à cinq lieues de Paris.

— C'est trop loin : à tout moment je puis avoir besoin de vous. On ne peut vous aller chercher à cinq lieues d'ici : il faut que vous en achetiez une autre beaucoup plus rapprochée de moi, et cela tout de suite.

— Sire, je ne puis acheter une autre maison sans avoir vendu l'ancienne; votre majesté sait très-bien qu'on ne se défait pas d'une propriété du jour au lendemain.

— Nous ne nous entendons pas du tout, mon cher; je ne vous dis pas de vendre votre maison, moi! je vous dis au contraire d'en acheter une autre. Je comprends parfaitement qu'après avoir travaillé comme vous l'avez fait aujourd'hui, vous ayez besoin de repos, d'un peu de distraction, qu'il vous faille respirer le grand air, à une lieue ou deux lieues tout au plus de Paris, parce que vous comprenez à votre tour que si j'ai besoin de vous, il ne vous faut qu'un quart-d'heure pour être ici : achetez donc une autre campagne, c'est essentiel.

— Sire, je comprends très-bien ce qu

votre majesté daigne m'expliquer; mais, règle générale, pour acheter il faut de l'argent.

— Eh bien, monsieur, n'avez-vous pas d'assez beaux traitements?

— Sire, je me fais honneur de la générosité de votre majesté, mais je ne fais pas d'économies.

— Et vous avez tort. Au surplus, faites tout ce que vous voudrez, arrangez-vous comme bon vous semblera; mais achetez une autre campagne, achetez-la tout de suite; dès demain, il le faut, je le veux.

Le lendemain, après la séance du conseil-d'état, que Napoléon avait lui même présidée et à laquelle Réal avait assisté :

— Eh bien! lui demanda l'empereur, avez-vous enfin trouvé une campagne à acheter?

— Eh, mon Dieu! sire, ce ne sont pas les campagnes à acheter qui manquent, ce sont les *achetoirs*.

— Le mot est nouveau, reprit Napoléon en riant; mais, n'importe, cherchez toujours.

— Sire, j'aurai beau chercher, votre majesté sait aussi bien que moi que, grâce à elle, nous ne sommes plus au temps où les propriétés se donnaient pour rien.

— Qui sait? cherchez bien, vous dis-je; les bonnes idées viennent quelquefois en dormant.

Le lendemain, à son réveil, Réal recevait un bon de 400,000 francs payables à vue, au trésor, et destinés uniquement à l'acquisition d'une maison de plaisance. Ce fut ainsi que ce conseiller-d'état devint propriétaire de la délicieuse habitation de Boulogne, que possède aujourd'hui M. le baron de Rothschild.

Boutade.

Au bal donné par la ville de Paris à l'occasion de la naissance du roi de Rome, auquel Napoléon assistait, il s'arrête en face d'une dame qui lui avait été présentée quelque temps auparavant à une grande réception de Saint-Cloud, et lui dit :

— Madame, on m'a assuré que vous étiez fort instruite, et que vous parliez plusieurs langues vivantes ?

— Sire, je n'en sais que deux, répondit celle-ci en tremblant.

— Lesquelles ? continua l'empereur.

— Sire, l'italien et l'anglais.

— L'anglais ! exclama Napoléon en faisant presque un geste de mépris. Eh ! à quoi peut vous servir cet idiôme ?... L'italien, je le conçois ; cette langue est devenue sœur de la nôtre ; mais l'anglais !... Parlez-vous ces deux langues familièrement ?

— Oui, sire ; très-familièrement.

— En voilà plus qu'il n'en faut pour faire enrager un mari, répliqua Napoléon en s'éloignant.

Une Destinée.

A Compiègne, le cabinet de l'empereur était, comme à Saint-Cloud, situé au rez-de-chaussée. Un jour qu'étant à la fenêtre, Napoléon causait avec M. de Montalivet père, ministre de l'intérieur, il aperçut dans le grand parterre le roi de Rome porté dans les bras de sa nourrice et accompagné de sa gouvernante, Mme de Montesquiou. L'empereur ayant fait signe à cette dernière pour l'engager à diriger sa promenade de son côté, celle-ci hâta le pas, et bientôt lui présenta son fils. Napoléon le prit dans ses bras, le caressa, rajusta lui-même le petit bonnet de velours vert brodé d'abeilles d'or que le jeune roi portait toujours; puis, après l'avoir embrassé une dernière fois :

— Madame, vous pouvez continuer votre promenade, dit-il à Mme de Montesquiou, du ton le plus affectueux.

Et quand le groupe se fut un peu éloigné, il serra le bras de M. de Montalivet en ajoutant :

— Voilà un enfant qui serait bien plus heureux d'être né simple particulier avec cent mille livres de rentes.

— Pourquoi cela, sire ?

— Parce qu'il est destiné à avoir un jour un rude fardeau sur les épaules.

Celui qui ne voyait dans l'élévation de son fils qu'un sujet d'alarmes, ne pouvait assurément pas éprouver la joie que goûte un père en songeant à l'avenir de son enfant. La fin déplorable de ce prince, mort à la fleur de l'âge, loin du pays où les acclamations de quarante millions d'hommes avaient salué sa naissance, n'a que trop justifié, d'une autre manière, il est vrai, les tristes pressentiments de l'amour paternel. Simple particulier, il n'eût pas été exilé de sa patrie, et peut-être l'air natal l'eût-il préservé du mal que la rigueur du climat qu'il fut condamné à subir rendit incurable.

Le Déjeûner impromptu.

L'hiver, en campagne, Napoléon montait à cheval tous les matins avant le jour. Il visitait les avant-postes suivi d'un seul piquet des guides de service auprès de sa personne.

A midi, il descendait de cheval; ceux qui l'accompagnaient allumaient un grand feu et lui faisaient un abri avec de la paille et des branches sèches. C'était là qu'il recevait le rapport de ses maréchaux ou des différents chefs de corps, et qu'il leur donnait ses ordres. Le mameluck Roustan préparait le déjeûner et le moka chauffait au feu du bivouac dans un filtre d'argent. Napoléon, pendant ces haltes, avait constamment autour de lui une demi-douzaine de guides, armés de leur carabine baïonnette au bout du canon. Un jour ses regards tombèrent sur l'un d'eux : sa bonne tournure et sa tenue sévère, sa jolie figure, quoiqu'un peu pâle et sans apparence de barbe l'ayant frappé :

— Qui t'a placé dans ma garde? lui demanda-t-il.

— C'est votre majesté, répondit sans hésiter le jeune vélite.

— Je ne te comprends pas; explique-toi mieux.

— Sire, votre majesté a rendu un décret qui permet aux jeunes gens de famille âgés de dix-huit ans de servir dans votre garde, en payant trois cents francs de pension; je réunis les conditions, et je suis à mon poste.

— Cependant tu es bien petit.

— Sire, je fais mon service comme si j'étais grand.

— Comment trouves-tu le métier?

— Quelquefois doux, plus souvent bien dur; mais le bonheur de voir chaque jour votre majesté adoucit tous les maux et fait supporter gaîment les privations.

— As-tu déjà été au feu!

— Oui, sire; j'étais au passage du Bug.

— Au fait, il y faisait chaud; tu as dû avoir peur, n'est-ce pas?

A cette question le jeune soldat rougit jusqu'aux oreilles, et garda le silence, en baissant les yeux.

— Tu rougis et tu ne réponds pas, reprit Napoléon; est-ce que j'aurais dit vrai?

— Eh bien! oui, sire, je l'avoue, j'ai eu peur; mais cela n'a duré qu'un moment.

— Console-toi, va! il y en a eu bien d'autres que toi. Puis, après un moment de silence : Allons, tu es un bon jeune homme;

comme tout le monde tu as payé le tribut : tu vas déjeûner avec moi ; cela te fait-il plaisir ?

— Certainement, sire ! s'écria le jeune vélite avec l'exaltation de la joie qu'un tel honneur lui causait.

Et il posa sa carabine près de lui.

Alors Roustan, avec toute la déférence qu'il aurait eue pour un grand-officier de l'empire, lui servit, dans une petite assiette d'argent, une tranche de jambon. Le vélite la mangea avec tout l'appétit de son âge, aiguillonné encore par quelques jours de diète ; et lorsque le mameluck lui versa le Chambertin dans une timbale de vermeil, Napoléon lui dit en souriant.

— Ah ! ah ! garçon, tu es bien aise d'être servi dans un gobelet, parce qu'on ne voit pas ce que tu bois : je parie que tu l'as fait emplir.

— Jusqu'au rase, sire, je l'avoue encore ; mais c'était pour mieux boire à la santé de votre majesté.

— *Mieux !*... répliqua Napoléon en souriant ; tu veux dire *davantage ;* soit !

Et sur un signe de l'empereur, Roustan remplit le gobelet du vélite, que celui-ci avait vidé d'un trait.

Pendant le peu de temps que dura ce déjeûner impromptu, Napoléon lutina constamment avec son jeune convié, qui répondit toujours avec esprit et à propos. Après le café, l'empereur lui demanda son nom.

— Sire, je me nomme Laurain.

— Eh bien, monsieur Laurain, voilà la connaissance faite entre nous. Conduisez-vous bien, j'aurai soin de votre avancement quand le temps sera venu.

Le vélite remercia, reprit sa carabine et continua sa faction.

La campagne terminée, la garde revint à Paris. Napoléon, étant allé chasser aux environs de Trianon, voulut voir les vélites qui depuis avaient été séparés des vieux chasseurs de la garde, et tenaient garnison à Versailles. Quand il s'approcha de l'escadron, il dit au commandant Francq :

— Faites sortir du rang le vélite Laurain, avec qui j'ai déjeûné en Prusse.

— Sire, répondit ce commandant, votre

majesté l'a fait passer officier dans un régiment de hussards, qui est actuellement je ne sais où.

— Pourquoi l'a-t-on présenté ? Ce n'était encore qu'un enfant.

— Sire, il avait tué de sa main deux grenadiers russes, à la vue de tout le régiment.

— C'est différent, reprit Napoléon ; on a bien fait et lui aussi. Je le rejoindrai ailleurs.

Le Maçon.

Au commencement de 1813, après les désastres de Moskow, Napoléon, voulant juger par lui-même de l'esprit qui animait le peuple des faubourgs de la capitale, résolut de les parcourir tous, en commençant par le faubourg Saint-Antoine.

Un jour donc, accompagné seulement d'un de ses aides de camp (le grand-maréchal était gravement indisposé), il monte dans un fiacre et se fait conduire sur la place de la Bastille; là, mettant pied à terre, il entre dans la grande rue de Charonne. Arrivé à l'extrémité de cette rue, il s'arrête quelque temps pour examiner des maçons qui travaillent à un immense bâtiment en construction; puis il en aperçoit un qui, tout-à-coup, reste immobile et comme en arrêt devant lui.

— Me reconnais-tu? demanda-t-il d'un ton bref au maçon, en se rapprochant de lui peu à peu.

— O mon empereur!.... toujours! balbutie cet homme, en portant militairement à son front le revers de sa main droite, tandis que de la gauche il laissait échapper l'outil dont il se servait.

— Moi aussi, je te reconnais! reprend Napoléon. Tu t'appelles Grégoire Boivin; tu étais caporal dans le second régiment des chasseurs à pied de ma garde; tu as été blessé deux fois à Essling; sur la proposition de ton colonel, je t'ai fait décorer; quelque temps après, j'ai approuvé ton admission à mon Hôtel des Invalides... Pourquoi te vois-je ici aujourd'hui?

Grégoire était là comme une statue, sans faire un geste, sans dire un mot.

— Tu t'es fait mettre à la porte le l'Hôtel, n'est-ce pas?... Qu'avais-tu fait?

Même immobilité, même silence de la part de Grégoire, qui baisse les yeux.

— Tu ne te le rappelles plus?... Eh bien, moi, je vais te le dire; tu sais que j'ai de la mémoire : un matin, après avoir fait *des sottises*, tu as dit *des bêtises*.

— O mon empereur! interrompit vivement Grégoire en relevant fièrement la tête, ce n'était pas des *bêtises* ce que j'ai dit, vous le savez bien!

— Comment! n'as-tu pas crié comme un fou : *Vive la république!* après t'être grisé avec les mauvais sujets de l'Hôtel!... A ton baptême, ton parrain t'avait bien nommé.

— Que voulez-vous, mon empereur! je me suis ressouvenu que j'étais volontaire de 93. Alors, comme je m'étais un peu gargarisé la veille, le lendemain matin j'ai crié...

— *Vive la république!* te dis-je. Eh bien!

qu'est-ce que cela signifie, *ta république?* Est-ce que cela ressemble à quelque chose? On t'a chassé, on a bien fait: tu n'as eu que ce que tu méritais.

— Je n'en disconviens pas, mon empereur; mais vous m'avouerez tout de même que c'est bien dur, quand on vous aime comme moi, quand on s'est battu comme moi, quand on a femme et enfants comme moi, de se voir sans pain sur la planche, pour s'être fourré un verre de vin de trop dans la tête.

Et en disant ces mots, le maçon s'était attendri: Napoléon, ému lui-même, reprit:

—Ah, tu as des enfants. Alors, c'est différent. Que ne me l'as-tu fait savoir plus tôt! Quel âge a ton aîné?

— J'en ai deux, des aînés: c'est-à-dire qu'ils sont jumeaux et tous les deux conscrits l'année prochaine.

— C'est bien. Qu'as-tu fait de ta croix?

— Ma croix! répète Grégoire en ouvrant précipitamment sa veste et en étalant un chiffon de ruban de couleur indécise qu'il frappe du plat de ses deux mains; ma croix!

absente pour cause de réparations urgentes et d'accouchement de madame Grégoire ; mais pour ce qui est du ruban, présent ! le même que celui que mon colonel m'a donné à la parade. Seulement, il a fait son temps et demande à être réintégré au magasin.

Après avoir regardé Grégoire d'un air de satisfaction, l'empereur prit quinze napoléons d'or dans la bourse de son aide-de-camp, et, les mettant dans la main du maçon :

— Tiens, voilà pour payer les réparations *urgentes* de ta croix, qui, je le soupçonne, n'est pas chez le bijoutier, et aussi pour boire à ma santé avec tes camarades, mais modérément, tu m'entends. Et puis, s'il te prend encore fantaisie de crier quelque chose, eh bien, crie *vive la France!* Cette fois tu auras de l'écho, et personne ne le trouvera mauvais. A propos, tu viendras demain aux Tuileries, tu demanderas à parler à l'aide-de-camp de service ; tu diras au concierge que c'est de ma part : on te laissera passer. Adieu, reste là, je ne veux pas que tes camarades sachent qui je suis.

Le lendemain, Grégoire Boivin reçut l'ordre de sa réintégration à l'Hôtel des Invalides, car il n'avait pas de pension, et l'empereur n'aurait pas souffert qu'un de ses braves soldats mourût de faim, parce que, selon ses propres expressions, *il lui était arrivé, étant gris, de dire des bêtises qui n'avaient pas le sens commun.*

Les deux plus beaux jours de la vie.

L'impératrice Joséphine avait dans le cœur tous les trésors de la tendresse maternelle. Ce sentiment, chez elle poussé à l'extrême, se reportait naturellement sur les enfants ; aussi en avait-elle sans cesse autour d'elle, et se plaisait-elle à les questionner et à leur faire de jolis cadeaux. Il ne se passait guère de semaine où elle n'achetât de magnifiques jouets pour les leur distribuer elle-même ; elle y joignait toujours un bon conseil ou une sage recommandation. Que de fois ne vit-on pas le boudoir de l'impératrice ressembler aux beaux magasins de joujoux qui existent dans nos passages !... Mais c'était surtout à l'époque du jour de l'an qu'il fallait voir ce coquet bazar! En entrant dans l'étroit cabinet qui servait d'antichambre à la salle de bain, on aurait cru entrer dans une des galeries d'Alphonse Giroux ; on y voyait entassés les uns sur les autres des bijoux, des étoffes, des porcelaines et des sacs de bonbons. Il y avait des rouleaux de sucre de pomme qui ressemblaient à des bâtons de maréchal, et des poupées plus grandes que les petites filles à qui elles étaient destinées : les tambours et les trompettes se trouvaient à côté des régiments de cavalerie légère en plomb et des pistolets en chocolat.

La veille du 1er janvier 1805, Joséphine, sachant que le lendemain elle ne pourrait quitter l'empereur de toute la journée, à cause des grandes réceptions des Tuileries, donna ses ordres à madame de Larochefoucault, sa dame d'honneur, pour qu'elle prévînt les personnes qui devaient venir lui souhaiter la bonne année avec leurs enfants, de ne se présenter que le surlendemain, 2 janvier, à Saint-Cloud, où elle se rendrait tout exprès.

Ce fameux jour arriva bientôt ; et, dès le matin, on aurait pu croire que l'impératrice n'était autre qu'une maîtresse de pension. Tous les joujoux, les armes, les bonbons avaient été apportés de Paris. A midi elle annonça qu'elle allait procéder elle-même à la distribution ; alors on passa dans la salle des prodiges, où petits et grands convoitèrent, d'un œil avide, les riches babioles étalées çà et là.

Chacun des enfants reçut le cadeau qui lui avait été destiné à l'avance ; après quoi tous l'embrassèrent et lui récitèrent un petit compliment. Il y en eut quelques-uns à qui l'émotion ou la joie fit perdre subitement la mémoire : Joséphine n'eut pas l'air d'y faire attention. A ceux qui, plus tard, devaient entrer dans une école militaire, elle avait fait un présent analogue à l'état qu'ils voulaient suivre : les uns reçurent un étui de mathématiques, les autres un sabre; presque tous auraient voulu une paire de pistolets : malheureusement il n'y en avait pas pour tout le monde. Dès leur arrivée, les plus jeunes s'étaient élancés sur les chevaux de bois ; les poupées et les boîtes à ouvrage étaient échues aux demoiselles. Cette distribution d'étrennes achevée, la troupe joyeuse fit un tel tapage, que Joséphine se vit forcée de leur laisser le champ libre, et de se retirer dans sa chambre à coucher; mais à peine fut-elle partie, que des discussions s'élevèrent de toutes parts.

Les petits garçons avaient décidé à l'unanimité qu'on jouerait *à la guerre*, et voulurent enrôler de force les petites filles. Celles-ci s'y étaient opposées en masse ; quelques-unes même avaient protesté hautement contre cette espèce de violence, lorsque le jeune Achille Zaluski (fils d'un général polonais naturalisé français, pour lequel Napoléon avait la plus grande estime), qui, de sa propre autorité, s'était élu chef de la troupe, décida que celles des petites filles qui s'étaient montrées les plus récalcitrantes allaient être provisoirement enfermées dans la citadelle pour y rester jusqu'à ce qu'elles consentissent à obéir à ce nouveau mode de conscription, en venant se ranger sous les drapeaux. Or, la citadelle désignée n'était autre que le délicieux boudoir de l'impératrice, éclairé par une fenêtre formée d'une seule glace sans tain, et tendue de soie verte, brodée d'abeilles d'argent.

Il fut question un moment d'improviser un conseil de guerre, de juger et même de fusiller la petite Emma, qui, à ce qu'il paraît, s'était mise à la tête de l'opposition, lorsque, fort heureusement pour elle, madame de Larochefoucault vint interposer son autorité, et menacer M. Achille de ne lui donner que du pain sec au goûter, s'il voulait s'opposer à ce que les petites demoiselles jouassent entre elles comme bon leur semblerait; et, dans la crainte qu'elles ne fussent encore inquiétées, elle les fit toutes passer dans la *citadelle*. Une fois ces enfants séparés, il n'y eut plus de contestation ; mais en revanche il se fit double tapage.

En entendant ces joyeux rires, Joséphine paraissait enchantée; mais Napoléon, qui était arrivé à Saint-Cloud sur ces entrefaites pour travailler plus librement, et dont le cabinet était situé positivement au-dessous du petit salon, monta chez sa femme, et lui demanda d'un ton moitié gai, moitié sérieux, la cause du bruit qui se faisait au-dessus de sa tête; celle-ci le lui dit.

— Tu devrais bien, reprit-il, distribuer tes étrennes lorsque je n'y suis pas. Je vais aller moi-même prier tes petits invités de faire moins de vacarme, et s'ils continuent...

— Laisse-donc ces pauvres enfants s'amuser, ajouta Joséphine; ils jouent à la guerre. Est-ce que tu ne fais pas plus de bruit qu'eux, toi? S'ils te voient, tu les effrayeras; je vais envoyer quelqu'un qui saura bien les contenir.

— Ah! ils jouent à la guerre!... répéta Napoléon en souriant; cela doit être drôle; je ne serais pas fâché de voir comment ils s'y prennent.

Et, marchant sur la pointe des pieds, l'empereur arrive à la porte du salon. Il écoute un moment et ne distingue que ces mots : *En avant !... fonçons !... Je l'ai tué ! Ce n'est pas vrai !... Si !... Tiens !... Mort !...* Puis des pleurs se mêlent à des cris immodérés, à des éclats de voix retentissants. Alors Napoléon tourne doucement le bouton de la porte et se montre :

— Eh bien ! qu'est-ce que cela ? dit-il d'un ton sévère ; on pleure ici ?

A ces mots, la petite troupe lève la tête, les armes s'abaissent, tous restent immobiles de surprise et de crainte. L'empereur promène ses regards sur cette réunion de petits diables tous plus gentils les uns que les autres ; il ne peut s'empêcher de sourire en remarquant la façon grotesque dont chacun d'eux s'est accoutré : celui-ci s'est fait, avec une feuille de papier, un chapeau à trois cornes sur lequel, à défaut de cocarde, il a attaché un énorme macaron ; celui-là a placé sa petite veste sur une de ses épaules pour mieux figurer le dolman d'un hussard ; un autre, le petit Adolphe, s'est dessiné une paire de moustaches avec de l'encre de Chine, et de la palatine d'une petite fille s'est fait une ceinture dans laquelle il a passé un plioir de nacre de perle en guise de poignard : ses manches sont retroussées jusqu'au coude ; il tient un pistolet de chaque main. Sous ce déguisement, M. Adolphe a une mine si espiègle que Napoléon s'est assis pour le regarder plus à son aise ; il lui fait signe de venir à lui, et, le plaçant entre ses deux jambes :

— Comment vous appelez-vous, monsieur le rodomont ? lui demanda-t-il en tâchant de garder son sérieux.

— Je m'appelle Adolphe.

— Je parie que c'est vous qui avez crié le plus fort tout-à-l'heure ?

— Dame ! aussi, c'est Achille qui ne veut jamais que je sois le général : c'est toujours lui qui l'est !

— Ce n'est pas juste : chacun doit l'être à on tour. Et où est ce M. Achille ?

— Le voici là-bas ; c'est celui qui a une cuirasse.

Et Adolphe, en se retournant, avait désigné du doigt à l'empereur un petit garçon un peu plus grand que lui, qui s'était fait un espèce d'armure d'un livre de musique sur lequel brillait, en sautoir, une étoile de sucre candi.

— Ah! ah! continue Napoléon, je vais lui parler à ce M. Achille, qui s'érige ici en maître.

Et donnant une petite tape sur la joue d'Adolphe, l'empereur le laisse aller, et appelle M. Achille. Celui-ci accourt en gambadant, et, d'un seul bond, vient se placer à califourchon sur les genoux de Napoléon, qui lui dit aussitôt :

— Comment s'appelle votre papa, monsieur Achille?

Il s'appelle le général Zaluski.

A ce nom, la physionomie de l'empereur s'anime, ses yeux deviennent brillants, il attire l'enfant plus près de lui, et, le regardant avec tendresse :

— Zaluski, dis-tu; mais c'est un de mes bons amis, c'est un brave!... Et toi, qu'est-ce que tu veux être un jour?

— Moi? je veux être comme papa; je veux avoir deux grosses épaulettes en or, avec un grand sabre qui coupe bien.

Les deux plus beaux jours de la vie.

p. 240.

— Diable!... Et qu'en ferais-tu?

— Je tuerais tous les ennemis!

— Vraiment! Mais j'espère bien que d'ici là nous n'en aurons plus.

— Et puis, ajoute l'enfant, je veux avoir autour du cou un beau ruban rouge, comme papa, avec une belle croix d'Honneur bien grande : c'est joli çà!... mais pas comme celle-là.

En parlant ainsi, Achille arrache l'étoile de sucre candi qu'il a sur la poitrine, et la fait craquer sous ses dents.

— Ceci est autre chose, reprend l'empereur; tu vas un peu vite en besogne. Quel âge as-tu maintenant?

— J'aurai neuf ans le jour de la fête de maman.

— Eh bien! dans une vingtaine d'années d'ici...

— Mais je veux tout cela auparavant. Papa m'a dit qu'à dix-huit ans je serais officier.

— C'est que ton père t'a jugé d'après lui. Au surplus, cela dépend de toi. En attendant, tiens... lorsque tu auras cassé ton sabre, tu en achèteras un autre.

Et Napoléon avait tiré de sa poche une pièce de 40 francs, et la lui avait donnée. Il engagea ensuite M. Achille à continuer de jouer avec ses petits camarades, et recommanda à tous de faire un peu moins de bruit, si cela leur était possible.

— Adieu, mes petits amis, leur dit-il en les quittant ; amusez-vous bien ; mais surtout ne vous battez pas *pour de bon*, je vous le défends.

Ce serait se tromper que de croire que la recommandation de Napoléon fut suivie à la lettre. Le petit Adolphe, jaloux sans doute de ce que l'empereur avait donné à Achille de quoi acheter un autre sabre, tandis que lui n'avait eu que l'oreille tirée, lui chercha querelle sous prétexte qu'il ne voulait pas le laisser le *premier à la tête*, bien que les autres ne fussent pas plus grands que lui. La dispute s'étant échauffée, ils allaient en venir aux mains, lorsque madame de Larochefoucault, suivie des mamans, vint les prévenir que le goûter les attendait. A ce mot magique, les sentiments de haine qui animaient les deux petits rivaux furent oubliés pour faire place au désir et à la certitude de se bien régaler.

La petite troupe s'étant mise sur deux rangs, en laissant de côté le privilége de la taille et du grade, se dirigea au pas accéléré, en exécutant des *rrrrans plans plans* avec accompagnement obligé de tambours et de trompettes, vers la citadelle en question, où un buffet magnifique avait été dressé comme par enchantement. L'impératrice était accourue sur le passage de ses petits protégés pour les voir encore une fois, et de ses blanches mains s'était bouché les oreilles tant que le défilé avait duré.

Neuf ans s'étaient écoulé ; c'était au commencement de 1814 ; l'Europe, qui naguère encore obéissait aux ordres de Napoléon, s'était liguée contre lui. La grande armée avait fait des prodiges. Après autant de victoires que de combats, fort du succès de chaque jour, l'empereur était venu le six mars s'établir à Craone, et pour ainsi dire se cramponner au milieu des bivouacs de l'armée russe, concentrée sur tous les points environnants.

Là, pendant la nuit, il reconnut lui-même les différentes positions de l'ennemi, et le lendemain, à la pointe du jour, toute l'armée se déploya pour livrer bataille. A huit heures du matin, les cris des soldats signalèrent la présence de l'empereur : l'action s'engagea. C'était de la possession définitive d'un plateau, pris et perdu alternativement, que dépendait le succès de la journée. La grande difficulté était de pouvoir s'y maintenir, après s'en être emparé une dernière fois. Il est quatre heures ; déjà le jour commence à baisser et rien n'est encore décidé. Napoléon jette un regard indécis sur sa vieille garde, qui est là, derrière lui, immobile, mais impatiente... Il n'a qu'un mot à dire, et tout peut finir en un instant. Peut-être va-t-il le prononcer, ce mot, lorsque tout-à-coup un aide de camp arrivé à bride abattue, en criant :

— L'empereur !... l'empereur !... où est l'empereur ?

Napoléon sort aussitôt du groupe de son état-major, et s'avance couvert de boue, car il n'y a qu'un instant qu'il a roulé avec son cheval dans un fossé.

— Qu'est-ce ? dit-il ; me voilà ! que me veut-on ?

— Sire, reprend l'aide de camp en mettant pied à terre, nous sommes maîtres du plateau.

Enfin !... s'écrie Napoléon, en élevant les bras ; qu'on amène mon cheval !

Et tandis que Roustan tient l'étrier, il continue de s'adresser à l'aide de camp, qui, la figure pâle, l'habit couvert de sang, semble avoir à peine la force de se tenir debout.

— Qui vous envoie ?... Est-ce le maréchal ou votre général ?

— Sire... ce n'est pas mon général ; il a été tué sur le plateau par les grenadiers russes... et... moi-même... je...

Il n'en peut dire davantage : ses yeux se ferment, il chancelle et tombe.

— Qu'on prenne le plus grand soin de cet officier, dit Napoléon d'une voix émue ; il est capitaine..... Un moment, messieurs, attendez !

Détachant sa croix aussitôt, il se baisse et

la place sur la poitrine du jeune aide de camp, blessé mortellement. Celui-ci fait un dernier effort ; il saisit la main de l'empereur, et, la portant à ses lèvres, lui dit d'une voix entrecoupée et presque éteinte ;

— Ah ! sire... je meurs content. je l'avais bien dit à votre majesté, il y a neuf ans, à Saint-Cloud, que je serais digne un jour de porter cette croix... Sire, vous ne me reconnaissez donc pas ?... Je suis Achille Zaluski... Dites à mon père que je suis mort digne de lui ;... quant à ma pauvre sœur...

A ces mots sa tête se pencha, ses lèvres s'agitèrent encore ; mais on n'entendit plus rien. Pendant ce temps Napoléon l'avait regardé avec attention et comme en cherchant à rappeler un souvenir confus ; les dernières paroles du jeune aide de camp le firent tressaillir.

— Oui, oui, noble enfant, je m'en souviens, dit-il d'une voix étouffée par l'émotion qu'il éprouvait. A cheval, messieurs, ajouta-t-il en élevant la voix ; puis, en passant devant le front d'un escadron de la garde rangée en bataille, il s'écria :

— Hors de selle, grenadiers ! la bataille est gagnée.

Il continua sa route, suivi de son état-major et aux cris prolongés de vive l'empereur! qui se faisaient entendre sur toute la ligne.

Alors quelques-uns des grenadiers qui venaient de mettre pied à terre s'approchèrent d'Achille, dont le corps était resté gisant près de son cheval couvert d'écume. L'un d'eux, après l'avoir considéré quelque temps en silence, hocha la tête et, se croisant les bras sur la poitrine, murmura d'un ton de compassion :

— Pauvre lieutenant!... si jeune encore! Napoléon le fait capitaine; il lui donne sa propre croix... Eh bien! pas du tout! plus personne!... Ce n'était pourtant pas là le cas de mourir.

— Qu'est-ce que tu marmottes là, à toi tout seul? reprend aussitôt un brigadier qui s'était penché sur le corps du jeune homme, croyant qu'il respirait encore. Quelle bêtise!... puisque le lieutenant lui avait promis, il y a neuf ans, de se faire tuer aujourd'hui ; tu n'as donc pas compris ce qu'il a dit ?

Le lendemain, Achille reçut les honneurs dus aux braves qui meurent pour la patrie. Deux jours après, et tandis que Napoléon prenait toutes ses dispositions pour enlever Reims aux alliés, apercevant le général Zaluski, il le fit appeler.

— Général, lui dit-il d'un ton grave, votre fils est mort au champ d'honneur : le saviez-vous ?

— Sire, je le savais.

— Il a une sœur, n'est-ce pas ?

— Oui, sire... Elle n'avait plus que lui et moi.

— Et moi, donc ! reprit vivement Napoléon ; vous m'oubliez, général ! J'ai signé hier son admission à mon institution impériale d'Ecouen ; je me charge de sa dot. J'avais décoré son frère. Général, je vous ai fait ce matin grand-officier de la Légion-d'Honneur...

— Merci, merci, sire !... Mais mon fils !... Je n'ai plus de fils...

Et comme deux grosses larmes coulaient

sur les joues et amaigries du vieux Polonais. Napoléon mit pied à terre avec précipitation, et, lui tendant les bras :

— Viens, mon pauvre Zaluski, lui dit-il d'un ton pénétré, viens embrasser ton empereur, car lui aussi est bien malheureux !

A ces mots, le père d'Achille se précipita dans les bras de Napoléon, en laissant un libre cours à ses sanglots.

Mademoiselle Zaluski entra à Ecouen pour passer presque aussitôt à la maison royale de Saint-Denis. Seulement, l'empereur n'eut pas le temps de la doter comme il le voulait, parce qu'on l'envoya bientôt, lui aussi, pleurer à Sainte-Hélène un fils vivant, mais exilé comme lui. Le souvenir d'Achille est toujours présent à la mémoire de sa sœur. Dernièrement encore, en nous parlant de lui, les yeux de la fille du brave Polonais étaient baignés de pleurs ; elle nous montrait silencieusement suspendu au-dessus de sa cheminée, un petit sabre d'enfant et une croix de la Légion-d'Honneur : c'étaient les étrennes qu'il avait reçues de l'impératrice Joséphine à Saint-Cloud, et la décoration que l'empereur avait détachée de sa poitrine, à Craone, pour la poser sur le cœur encore palpitant de son frère.

Un beau Chemin.

A une grande revue, un jeune sous-lieutenant sort des rangs et vient se placer devant l'empereur.

— Que me voulez-vous? lui demande brusquement Napoléon.

— Sire, il y a quatre ans que je suis sous-lieutenant; je n'ai pas eu d'avancement depuis.

— Eh bien, moi, monsieur, je l'ai été pendant six ans: vous voyez cependant que cela ne m'a pas empêché de faire mon chemin.

— C'est vrai, sire, mais votre majesté a bien su rattraper le temps perdu.

— Monsieur, c'est à vous de tâcher de faire de même.

Les petits Cadeaux entretiennent l'amitié.

La manière de donner vaut mieux que ce que l'on donne. Cet axiôme vulgaire trouvait son application chez Napoléon, qui possédait à un haut degré le don exquis de distribuer les faveurs et de semer les bienfaits avec une gracieuse bonhomie. Il savait rehausser les moindres cadeaux qu'il faisait par de séduisantes paroles. Dans ces circonstances, ordinairement imprévues, le son de sa voix avait quelque chose de flatteur et de caressant; ses yeux respiraient la bonté la plus indulgente, et son sourire, ce sourire qui suffisait à rassurer les rois dont les couronnes vacillantes étaient menacées par le gain d'une dernière victoire, se reposait sur vous avec un charme indicible.

Toutefois, Napoléon n'était pas prodigue. Le budget de sa maison, comme celui de l'État, était tenu avec une sévérité puritaine; en veut-on la preuve? Un jour que son premier valet de chambre avait été chargé par lui de reconduire le roi de Rome auprès de madame de Montesquiou, sa gouvernante, qui l'avait amené, Constant vint lui rendre compte de sa mission. Napoléon le retint à causer; puis, après lui avoir tiré légèrement une oreille, selon son habitude, et lui avoir adressé quelques questions personnelles :

— A propos! Constant, ajouta-t-il, de combien sont vos appointements?

— De six mille francs par an, sire.

— Et Collin, savez-vous quels sont les siens?

— Sire, M. Collin a douze mille francs.

— Douze mille francs!... Cela n'est pas juste. Vous êtes mon premier valet de chambre, vous ne devez pas avoir moins que mon premier contrôleur; dès à présent je double vos appointements. Allez dire à Estève de venir, je veux lui parler à ce sujet.

Le trésorier de la couronne se présente : Napoléon l'informe de la nouvelle décision qu'il vient de prendre à l'égard de Constant.

— Sire, lui répond Estève, les comptes de l'année sont faits. Votre majesté a elle-même arrêté les dépenses et signé le budget de sa maison; pour cette augmentation de fonds, une ordonnance m'est indispensable.

— C'est juste, reprit l'empereur, ce qui est fait est fait. Je ne dois ni ne veux rien changer à votre comptabilité; vous la tenez trop bien pour cela, monsieur le comte Estève : je m'arrangerai autrement. C'est très-bien.

Et sur un signe, le trésorier général s'étant retiré, Napoléon dit à Constant :

— Jusqu'à la fin de l'année, ce sera le baron Fain qui vous donnera, chaque mois, cinq cents francs sur ma cassette particulière; l'année prochaine je ferai régulariser cette dépense, soyez-en bien sûr.

Comme on le voit, l'emploi des moindres sommes dans la maison de leurs majestés était justifié avec une scrupuleuse exactitude. L'omission de quelques centimes dans un compte général eût fait encourir de graves reproches à l'intendant général de la liste civile; mais autant Napoléon aimait, comme Sully, à se rendre raison des plus minces dépenses, autant, dans les occasions importantes, il aimait aussi à ne point calculer la portée d'une largesse ou la magnificence d'un cadeau. L'impératrice Joséphine le plaisantait quelquefois sur ce qu'elle appelait spirituellement *ses bouffées de générosité.* Napoléon lui répondait avec malice :

— Oui, moque-toi de moi ! C'est bien à toi à parler, toi qui ne te contentes pas de brûler la bougie par les deux bouts à la fois : afin d'aller plus vite, tu l'entames par le milieu.

— Cela n'empêche pas, reprenait Joséphine, que souvent tu ne sois plus prodigue que moi avec tes prétendus petits cadeaux ; je te le prouverai quand tu voudras.

A ces paroles, Napoléon riait aux éclats, et disait gaîment en se frottant les mains :

— C'est possible ; mais au moins, moi, ma chère amie, je sais ce que je fais ; j'ai mes raisons : *les petits cadeaux entretiennent l'amitié.*

Ce dicton populaire était la grande excuse de l'empereur dans ses accès de générosité, et il en faisait, en riant, une application financière et administrative. Il était cependant avare de présents à l'égard des personnes qui composaient son service particulier. Il ne leur donnait jamais d'étrennes, et par conséquent elles ne devaient compter que sur leurs appointements, augmentés, il est vrai, de larges gratifications lorsqu'elles l'avaient accompagné, soit dans un voyage, soit dans une de ses campagnes; mais, en ce cas, Napoléon exigeait que chacun des officiers de sa maison se fît honneur des émoluments qu'il recevait, et que son costume répondît à sa position. C'était vraiment chose extraordinaire que de voir le maître de la moitié de l'Europe s'occuper de la toilette d'un de ses huissiers; c'était au point que lorsqu'il voyait à l'un d'eux le même habit trois jours de suite, il lui disait en fronçant le sourcil :

— Ah! ah! vous vous êtes bien négligé aujourd'hui! est-ce que vous seriez malade?

En revanche, lorsqu'il remarquait à un de ses serviteurs un habit neuf et de bon goût, il ne manquait jamais de s'arrêter devant lui, et de lui en faire compliment en lui disant d'un ton de bienveillante approbation :

— Monsieur, vous êtes bien beau aujourd'hui! à la bonne heure! c'est très-bien, j'aime à vous voir ainsi.

A l'époque de son mariage avec Marie-Louise, de même qu'à celle de la naissance du roi de Rome, aucun des officiers de la maison de leurs majestés ne reçut de présent, parce que l'empereur trouva que le chiffre des dépenses occasionnées par ces deux solennités s'était élevé beaucoup plus haut qu'il ne l'avait présumé. Cependant, dans les premiers jours de janvier 1812, et sans aucune circonstance déterminante, si ce n'était celle du jour de l'an, Napoléon dit un matin à son premier valet de chambre, comme celui-ci finissait de l'habiller :

— Constant, continuez à me servir comme vous le faites, j'aurai soin de vous.

En même temps il lui mit dans la main trois papiers chiffonnés qui ressemblaient à des papillottes de bonbons, en ajoutant :

— Voilà de mes pastilles de sucre de pomme, prenez-les; vous êtes enrhumé, elles vous feront du bien.

Et puis, ayant mis son chapeau sur sa tête, il passa sans paraître écouter les remerciments que son premier valet de chambre, plus ému de l'intérêt que son maître daignait prendre à sa santé que de la valeur de son cadeau, lui adressait le plus sincèrement du monde. Mais à peine Napoléon s'était éloigné, que Constant, voulant faire usage du remède, déroula les diablotins du sucre de pomme : c'étaient trois pièces de quarante francs, entourées chacune d'un billet de mille francs. Nous ne savons si on trouvera bien intéressants ces détails intimes; mais ils nous ont paru propres à faire connaître le caractère de l'empereur et ses manières habituelles avec les gens de sa maison. En outre, ces particularités peuvent faire apprécier la sévère économie qu'il apportait dans son intérieur, économie qui, chez lui, était une règle de prudence dont il s'écartait volontiers, comme on le voit, lorsque sa générosité ou sa bonté naturelle l'y entraînait.

Un matin, à l'heure ordinaire de sa visite, son premier médecin, Corvisart, entre fort ému dans sa chambre à coucher ;

— Qu'avez-vous donc aujourd'hui, mon

cher docteur? lui demande Napoléon de ce ton goguenard qu'il prenait toujours avec cet homme célèbre; vous avez la physionomie bouleversée : auriez-vous tué quelqu'un avec préméditation?

— Pardon, sire; mais je n'ai pas sujet de rire : je viens de voir une chose qui m'a vivement affligé.

— Quoi donc?... Tous vos malades seraient-ils sur pied?

— Au contraire, sire. Le pauvre Laville-Leroux vient de tomber frappé d'apoplexie, ici même, au bas du grand escalier de votre majesté.

— Comment! chez moi, docteur! s'écrie Napoléon; c'est une perte véritable pour le sénat. Diable!...

— Sire, j'ai prodigué à ce sénateur tous mes soins; mais il était trop tard.

— C'est cela! toujours le même refrain, reprit Napoléon avec un mouvement d'impatience; vous voyez bien, docteur, que vous avez tort de ne pas coucher ici; mais vous êtes d'un entêtement!... Ce pauvre Laville-Leroux! c'était un brave et honnête homme.

Tenez, Corvisart, ajouta l'empereur avec bienveillance, puisque vous l'avez assisté à ses derniers moments, il est juste que vous soyez un de ses héritiers. Je lui ai prêté, il y a un an, cent mille francs : il m'a fait son billet, que j'ai là, je vais vous le donner, il servira à établir une sorte de compensation, comme dit M. Azaïs, pour les personnes auxquelles vous avez sauvé la vie, et qui ne vous ont payé que d'ingratitude.

Corvisart, ignorant la position pécuniaire dans laquelle se trouvait M. Laville-Leroux au moment de sa mort, sachant d'ailleurs qu'il laissait des héritiers directs, et craignant, en homme prudent qu'il était toujours dans de semblables affaires, que le billet ne fût pas payé *à vue*, dit spirituellement à l'empereur le lendemain, en venant comme de coutume faire sa visite du matin :

— Sire, hier votre majesté a oublié une chose essentielle en me donnant le billet de M. Laville-Leroux.

— Quoi donc, docteur? demanda l'empereur d'un air étonné.

— Oh! presque rien, sire; une petite formalité. Votre majesté n'a pas songé qu'il fallait que ce billet fût endossé par elle, et passé à mon ordre, pour être régulier.

— Ah! je comprends, s'écria Napoléon en riant. C'est juste, docteur : vous faites bien de ne vouloir pas courir le risque d'un protêt. Et il écrivit de sa main ces mots en travers du billet :

« Bon pour cent mille francs, à valoir sur » mon compte du prochain trimestre, que » comte Estève payera, à vue, au baron Cor- » visart.

« NAPOLÉON, »

Nous devons ajouter que ces cent mille francs furent religieusement restitués, bientôt après, à M. Estève par la famille de ce sénateur, lorsque le partage des biens qu'il avait acquis par les plus honorables travaux fut effectué.

Le même jour que ce triste événement avait eu lieu, à peine l'empereur avait-il fini de déjeûner, que Talma fut introduit. Il avait fait appeler le grand artiste pour le consulter sur l'effet que produirait le rôle d'une tragédie que la Comédie-Française remettait au répertoire. Après une demi-heure d'entretien, Napoléon montre au célèbre tragédien un magnifique camée antique qu'il avait reçu d'Italie : c'était une tête d'empereur romain dont le travail était admirable.

— Comment le trouvez-vous, Talma ? lui demanda-t-il avec intérêt.

— Fort beau, sire.

— Est-ce que vous n'y voyez rien de particulier ? Regardez-le bien.

— Sire, en l'examinant avec attention, il me semble que ce profil a une grande ressemblance avec celui de votre majesté.

— C'est vrai, et je suis enchanté que vous vous soyez aperçu de cette ressemblance, parce que ce camée, comme bijoux, eût été une bagatelle que je n'aurais pas osé vous offrir ; tandis que, comme portrait, c'est un souvenir qui vous plaira, et que vous ne pouvez vous dispenser d'accepter de moi.

Et puis il ajouta, comme d'habitude et en souriant :

— Talma, les petits cadeaux entretiennent l'amitié.

Une propriété littéraire.

Napoléon avait sur la propriété littéraire des idées saines, et, pour le prouver, il suffira de rappeler ce seul fait.

On jouait à l'*Odéon* le drame de *Misanthropie et Repentir* : il dit, à cette occasion, à Bourrienne, qui était alors son secrétaire intime :

— Mon cher, on vous a volé.

— Moi, général ! (Napoléon n'était que consul) comment cela ?

— On vous a volé, vous dis-je : on joue votre pièce au Théâtre de l'Odéon ; il faut réclamer vos droits d'auteur.

Ici une courte explication est indispensable pour qu'on puisse bien comprendre ce court dialogue.

Pendant un séjour à Varsovie, Bourrienne s'était amusé à traduire le fameux drame de Kotzbue. Plus tard, en Italie, il prêta cette traduction à lire à Napoléon, qui y prit un certain plaisir, parce qu'il aimait le sujet de cette pièce; à Paris, il alla plusieurs fois la voir jouer, et chaque fois qu'il revenait du spectacle, c'était, de sa part, de nouvelles insistances pour faire réclamer, par son secrétaire, ce qu'il appelait *sa propriété.*

— Mais, lui objectait celui-ci, cet ouvrage est d'un étranger, et c'est moi, au contraire, qui l'ai volé au seul et véritable auteur.

— Alors, que MM. les comédiens le représentent en allemand, répliqua Napoléon, parce que du moment où vous avez *francisé* la pièce de l'auteur allemand, c'est vous qu'ils volent.

Et Napoléon ne voulait pas démordre de ce raisonnement. Bourrienne crut mettre fin à la discussion, en disant ;

— En définitive, général, mes occupations auprès de vous ne me permettent pas de me jeter dans un procès littéraire qui ne se serait jamais vu.

— Vous avez tort, mon cher, avait répondu Napoléon, parce que vous le gagneriez; on ne doit pas toujours se régler sur ce qui a existé précédemment, comme s'il était impossible de faire mieux : je vous le répète, on vous a volé.

Ne dort pas qui veut.

Le lendemain ou le surlendemain de son retour aux Tuileries après une de ses plus glorieuses campagnes d'Allemagne, Napoléon s'était mis au lit de bonne heure : il n'était que minuit. Son aide-de-camp Lemarrois se disposait à prendre aussi un peu de repos, lorsque l'empereur l'appelle et lui dit d'aller chercher M. de Talleyrand. Celui-ci arrive : l'entretien se prolonge assez avant dans la nuit; mais Napoléon, qui tout en causant avait la tête sur l'oreiller, ne tarde pas à s'endormir profondément. Lemarrois, qui ne peut se coucher qu'après le départ du ministre, entend sonner deux heures à l'horloge du palais, et dans la crainte que M. de Talleyrand ne soit sorti par le cabinet de dégagement, va trouver le premier valet de chambre de l'empereur, qui seul peut entrer dans sa chambre sans y avoir été appelé, et lui fait part de ses doutes.

— Général, il est encore là, lui répond Constant, j'en ai la certitude.

— Cependant j'ai écouté plusieurs fois à la porte, et je n'ai entendu aucun bruit.

— Si M. de Talleyrand était parti, sa majesté n'eût pas manqué de me sonner pour allumer sa veilleuse et éteindre les bougies; vous le savez bien, général.

Lemarrois retourne à son poste. Quatre heures sonnent. Il remonte chez Constant, qui de même que lui commence à trouver l'entretien un peu long, et consent à entrer chez l'empereur. Il entr'ouvre la porte le plus doucement possible; l'aide-de-camp regarde... La plus profonde obscurité règne dans la pièce : toutes les bougies sont consumées. Napoléon, dont le sommeil était très-léger, s'éveille et demande d'une voix forte :

— Qui va là ?... Qu'est-ce ?...

Son valet de chambre lui répond que, pensant que le prince de Bénévent était sorti, il venait souffler les bougies ; en même temps il se hâte d'apporter de la lumière.

— Il est parbleu bien temps ! s'écrie Napoléon après avoir soulevé la tête pour regarder le cartel fixé au pied de son lit. A propos, ajouta-t-il en se mettant sur son séant, et Talleyrand, où donc est-il ?... Talleyrand ! Talleyrand ! appela-t-il en voyant le ministre étendre les bras sur le canapé où il s'était couché. Comment ! je crois, Dieu *lui* pardonne, qu'il s'est endormi devant moi !... Hé ! hé ! levez-vous donc, monsieur le paresseux !

En effet, dès qu'il avait vu l'empereur se laisser gagner par le sommeil, le ministre, n'osant sortir de l'appartement dans la crainte de le réveiller, parce que Napoléon n'aurait pas manqué de le rappeler, avait jeté les yeux autour de lui et avisé un canapé assez commode ; il s'était étendu et n'avait pas tardé à s'endormir lui-même.

— Pardon, sire, fit M. de Talleyrand en bâillant malgré lui, c'était pour ne pas réveiller votre majesté, qui, je lui en donne ma parole, a dormi mieux que moi.

— Allons, allons, reprit Napoléon en riant, approchez-vous du feu, et causons un peu, puisque vous êtes encore là.

Pendant ce temps, Constant avait allumé d'autres bougies et s'était retiré. Lemarrois attendit encore pendant une demi-heure la fin du tête-à-tête : enfin M. de Talleyrand sortit.

— A mon tour de dormir, dit alors l'aide de camp, qui tombait de sommeil.

Mais à peine avait-il dégrafé le collet de son uniforme, qu'un valet de pied vint enlever le lit de camp du général.

L'intrépidité avant tout.

Napoléon faisait peu de cas de la bravoure ordinaire ; il la regardait comme une qualité commune à tous les Français : l'intrépidité seule était quelque chose à ses yeux ; aussi eût-il tout passé à *un intrépide* : c'était son expression.

Lorsqu'un militaire sollicitait une grâce, soit aux audiences, soit aux revues, il ne manquait jamais de lui demander s'il avait été blessé, parce qu'il prétendait que chaque blessure était un quartier de noblesse : il honorait et récompensait particulièrement cette sorte d'illustration.

Quand, placé devant le front d'un régiment, il lui arrivait de demander au colonel quel était le plus *intrépide* de ses officiers, la réponse ne se faisait point attendre. Napoléon s'adressait ensuite au corps d'officiers qui l'entourait, et renouvelait sa question :

— Quel est le plus brave d'entre vous, messieurs ?

— Sire, c'est *un tel !*

Les deux réponses étaient toujours semblables.

— *Un tel*, disait alors Napoléon, je vous fais baron ! je récompense en vous, non-seulement la valeur personnelle, mais encore celle du corps dont vous faites partie. Vous ne devez pas cette faveur à moi seul, vous la devez également à l'estime de vos camarades.

Puis il faisait approcher le nouveau dignitaire, et il lui donnait l'accolade.

Il en était de même pour les soldats les plus distingués par leur courage et leur conduite; ils montaient en grade ou recevaient, sur les fonds de sa cassette, des gratifications, des pensions même, si peu qu'ils eussent été blessés à quelques chaudes affaires.

En 1807, après la journée d'Eylau, il accorda une pension de 600 francs à un jeune soldat qui, faisant sa première campagne, était allé chercher, à travers un escadron de cuirassiers russes, son commandant blessé mortellement, et qui, le portant sur ses épaules, l'avait défendu avec son sabre, *comme s'il eût défendu son père,* disait Napoléon en racontant ce trait d'intrépidité, qu'il mettait au niveau de ceux dont l'antiquité nous a transmis le souvenir.

La manière de donner vaut mieux quelquefois que ce que l'on donne.

Nous croyons déjà l'avoir dit : lorsque Napoléon accordait quelques faveurs ou lorsqu'il voulait faire un cadeau, c'était ordinairement l'aide-de-camp de service qui servait de messager. Or, on sait que Napoléon possédait à un haut degré le don exquis de savoir offrir ; on sait aussi que le maréchal Brune était un de ces hommes à probité rigoureuse qui n'admettent pas la moindre transaction avec la délicatesse : aussi était-il pauvre, pauvre du moins comme un maréchal de l'empire pouvait l'être, c'est-à-dire qu'il n'avait pour toute fortune que les traitements attachés à sa dignité. Un jour il reçoit de grand matin la visite du comte Caffarelli, qui vient sans façon lui proposer une partie de chasse que le maréchal, mauvais chasseur s'il en fut, accepte bien plutôt comme but de promenade et pour *causer des affaires*, que dans l'intention de faire le moindre mal aux lièvres et aux lapins. Cependant, au moment de monter en voiture, il fait cette objection au comte Caffarelli :

— Je vous croyais de service auprès de l'empereur?

— C'est vrai, je suis même *de jour* en ce moment.

— Alors, comment songez-vous à vous absenter ?

— L'empereur m'y a *autorisé*, répond celui-ci avec une intention que le maréchal ne devine pas.

— En ce cas, il faut en profiter, réplique Brune en souriant, ce sera toujours autant de pris sur l'ennemi.

Ils partent, et bientôt ils arrivent dans un délicieux château situé à quelques lieues de la capitale. Après quelques rafraîchissements pris à la hâte et deux heures de promenade dans les environs avec le fusil en bandoulière, ils rentrent. Un déjeûner est servi avec luxe et profusion. Après le café, on visite les appartements : tous sont disposés et meublés avec soin et magnificence. Au moment de remonter en voiture, le comte Caffarelli dit à son compagnon de chasse :

— Mais, monsieur le maréchal, puisque vous semblez si bien vous plaire ici, pourquoi n'y resteriez-vous pas ?

— Mon cher général, je ne puis m'établir ainsi votre pensionnaire.

— Comment ! mon pensionnaire !... Vous n'êtes pas chez moi,

— Chez qui donc suis-je ? demanda alors le maréchal.

— Vous êtes chez vous.

— C'est très-aimable de votre part, mon cher général, ajoute-t-il en riant ; mais, je vous le répète, je ne saurais abuser à ce point de votre hospitalité.

— J'ai l'honneur de vous répéter encore, monsieur le maréchal, que vous êtes chez vous. Cette propriété vous appartient, elle vous a été donnée par l'empereur, qui m'a chargé ce matin de vous y installer aujourd'hui, puis ensuite de lui rapporter l'acte que voici, revêtu de votre signature ; or, vous savez aussi bien que moi qu'il faut obéir à l'empereur.

Une mystification.

Étant à Breslau, le prince Jérôme Bonaparte remarqua au théâtre de cette ville une jeune actrice très-jolie. Elle jouait assez mal, mais en revanche elle avait une jolie voix. Le frère de l'empereur fit quelques avances. La jeune actrice déclara qu'elle voulait rester sage. Mais les rois ne soupirent jamais long-temps en vain, ils jettent un poids trop lourd dans la balance de la sagesse : aussi le jeune roi de Westphalie ne tarda-t-il pas à emmener sa nouvelle conquête à Cassel, où bientôt après il crut devoir l'établir en la donnant à son premier valet de chambre, appelé Albertoni, dont les mœurs italiennes ne parurent pas répugner à une telle union. Cependant à peine celui-ci fut-il marié, qu'il quitta brusquement le service du roi, et accourut à Paris avec sa femme, dont il était devenu subitement amoureux et jaloux.

Jérôme, un peu mystifié, écrivit au ministre de la police (alors Savary) pour lui demander l'extradition de son valet de chambre, et surtout de sa femme; mais le ministre crut au préalable devoir prendre les ordres de l'empereur, et, lui ayant parlé de cette affaire, Napoléon lui répondit :

— Le valet de chambre de Jérôme a usé de son droit. Je vous autorise à répondre au roi de Westphalie que vous ne pouvez faire ce qu'il vous demande, parce que ce serait encourager les mauvaises mœurs : un roi doit donner, en tout, l'exemple à ses sujets. Vous lui direz que c'est moi qui vous ai donné l'ordre de le lui rappeler.

Savary exécuta les ordres de Napoléon, et le premier valet de chambre de son frère ne quitta Paris avec sa femme que pour retourner en Italie, où il resta.

Ce qui s'appelle savoir parler le français.

Il n'est sortes d'outrages que la populace des provinces du midi ne fit souffrir à Napoléon, lorsqu'il les traversa pour se rendre à l'île d'Elbe. Les généraux Schouwaloff et Koller (deux des quatre commissaires qui lui avaient été donnés pour son voyage) ne durent leur salut qu'au riche uniforme et aux décorations qu'ils portaient ; encore furent-ils couverts de boue. Quant au général Truchess, il avait essayé de calmer le peuple en le haranguant à sa manière.

— Laissez-le, mes amis, avait-il dit en parlant de Napoléon : ne vaut-il pas mieux que *le tyran* vive pour être puni par son repentir et ses regrets? Il souffrira mille morts au lieu d'une!

Et la foule avait applaudi à ces paroles.

Napoléon, qui n'avait pas perdu un seul instant son calme habituel, et qui avait tout vu et tout entendu, trouva la harangue du commissaire prussien de mauvais goût. Aussi lui dit-il avec un sourire ironique, tandis qu'il relayait :

— A propos, monsieur le baron, je vous fais mon compliment : vous savez admirablement parler le français dans l'occasion.

Souvenir de Reconnaissance.

La veille de la bataille de Waterloo, un capitaine d'infanterie de l'armée anglaise, nommé Elphinston, avait été blessé grièvement et fait prisonnier, à Ligny, par des chasseurs à cheval de la vieille garde. Ceux-ci l'emmenaient au quartier-général, établi à Saint-Amand, lorsque Napoléon se trouva sur son passage :

—Quel est cet officier? demanda-t-il aux chasseurs.

— Sire, c'est un Anglais, répond un brigadier.

Napoléon, s'étant approché de l'escorte, eut pitié du prisonnier, qui paraissait très-affaibli par la perte de son sang :

— Qu'on le conduise de suite à l'ambulance de la garde, reprit-il. Puis, s'adressant à un officier de santé de son état-major : Monsieur, ajouta-t-il, accompagnez cet officier et veillez à ce que ses blessures soient pansées sur-le-champ ; vous viendrez ensuite me rendre compte de son état.

Quelques moments après, il envoyait au blessé un gobelet d'argent rempli de vin provenant de sa cantine particulière. Or, le capitaine Elphinston appartenait à une des premières familles d'Angleterre : lord Keith était son oncle ; un de ses frères occupait un emploi important dans l'Inde.

En apprenant la générosité de Napoléon envers le capitaine, la famille Elphinston fut pénétrée de reconnaissance. Aussi lorsque, vers la fin de juillet 1815, *le Bellerophon* arriva en vue des côtes d'Angleterre, ayant à son bord l'empereur prisonnier, lord Keith lui fit exprimer ses respectueux remercîments et offrir ses services. Quant à sir Elphinston, frère du capitaine, dès qu'il apprit que le seul passe-temps de Napoléon à Sainte-Hélène était de jouer aux échecs, il fit confectionner, par des ouvriers chinois, un suberbe échiquier avec deux magnifiques corbeilles à ouvrage et une boîte à jetons, le tout en ivoire ciselé, découpé, et d'un travail admirable. Ces objets arrivèrent directement de Canton à Sainte-Hélène au commencement du mois d'août de l'année suivante.

En recevant ces cadeaux avec une lettre qui lui était personnellement adressée, Hudson-Lowe fut fort embarrassé. D'après la stricte teneur de ses instructions, il fallait que tout ce qui était adressé à son prisonnier eût passé préalablement sous les yeux du ministère anglais. Cependant, comme lui aussi avait une sorte de pouvoir discrétionnaire, il se décida, pour cette fois seulement, à faire la remise de ces objets, et écrivit au comte Bertrand, à Longwood, qu'ils étaient à sa disposition ; mais, dans l'intervalle, ayant fait ouvrir la caisse, il vit, à son grand étonnement, un N surmonté de la couronne impériale gravé sur chacune des pièces de l'échiquier et sur les jetons.

Cette allusion à une puissance évanouie pour toujours, cette reconnaissance d'un droit que le gouvernement britannique s'obstinait à ne pas reconnaître, lui sembla un démenti donné à sa conduite précédente. Il décida en conséquence que le séditieux présent ne serait pas envoyé à Napoléon, à moins qu'il ne consentît à ce que l'N et la couronne impériale fussent effacés : et lorsque Gentilini, valet de pied de l'empereur, vint à Plantation-House pour prendre l'échiquier, le gouverneur lui remit seulement une lettre pour le comte Bertrand, dans laquelle il disait, entre autres choses :

« Puisque j'ai promis d'envoyer à Longwood le présent venu de Canton, je consens à l'expédier demain, mais à certaines conditions, que je me réserve de faire connaître. Toutefois, je désire que le général Bonaparte sache qu'en cette occasion j'ai outrepassé mes instructions, pour faire quelque chose qui lui soit agréable. Au surplus, ajoutait-il en terminant, j'irai moi-même, après-demain, expliquer au général les motifs de ma conduite et de mes restrictions à ce sujet. »

Après avoir pris connaissance de cette lettre, datée du 14 août 1816, Napoléon haussa les épaules, et dit au grand-maréchal, en présence de MM. de Montholon et de Las Cases :

— Est-ce donc une affaire d'état que l'envoi de cet échiquier? Cet homme craint-il que je ne fasse échec à tous les rois de l'Europe? Ou bien, parce que mon chiffre se trouve gravé sur ces babioles, s'imaginerait-il qu'on va l'accuser de proclamer un nouveau *vingt-mars* en ma faveur? Le pauvre homme!... Il s'obstine à ne pas vouloir me donner la qualification d'empereur; il me dispute ce titre, comme s'il n'était pas indélébile!... Au surplus, dans quelques années lui et les *autres* (1) seront ensevelis dans la poussière de l'oubli, ou, si on vient à prononcer leurs noms, ce ne sera que pour rappeler les indignités qu'ils m'ont fait souffrir; tandis que mon nom, à moi, demeurera comme un ornement dans l'histoire, comme l'étoile qui doit guider les peuples civilisés. Qu'il vienne donc me faire part de ses scrupules, M. Hudson Lowe! moi aussi je lui dirai tout ce que j'ai sur le cœur.

En parlant ainsi, l'empereur s'était animé peu à peu, de sorte qu'en finissant il avait,

(1) C'est ainsi que Napoléon désignait habituellement les Anglais ou la famille des Bourbons, lorsqu'il parlait d'eux.

contre l'ordinaire, le visage très-coloré : le grand-maréchal lui en fit l'observation avec ménagement.

— Ah! bah! lui répondit-il, dans un instant je n'y songerai plus. Faisons un tour de jardin, cela me calmera.

Pendant cette courte promenade, une des boucles de ses souliers vint à se détacher. Ceux qui étaient présents se précipitèrent à l'envi pour la remettre en place. M. de Montholon fut le plus prompt, et rattacha la boucle. Napoléon se prêta volontiers à ce léger service; et, quand l'opération fut terminée, il saisit la main de M. de Montholon, qui avait mis un genou à terre, et, l'aidant à se relever, lui dit avec bonté :

— Merci, mon cher général; messieurs, ajouta-t-il, vous venez d'être témoins du service que m'a rendu Montholon. Aux Tuileries, je ne l'eusse souffert que d'un serviteur; mais ici je n'ai plus de serviteurs, je n'ai que des amis, et, certes, je n'ai pas perdu au change.

A cet instant, l'huissier Santini vint prévenir le grand-maréchal qu'un officier du 53e venait d'arriver de Plantation-House, chargé d'un message du gouverneur.

— C'est sans doute le cadeau de sir Elpinston ! dit Napoléon en pressant le pas ; il ne pouvait arriver dans un moment plus favorable.

En effet, c'était le capitaine Poppleton, suivi d'un soldat de son régiment, qui portait une caisse. Elle fut ouverte en présence de l'empereur dans la salle de billard, où le capitaine avait été introduit.

La boîte ainsi que les objets qu'elle contenait excitèrent l'admiration de tous ceux qui étaient présents ; cependant Napoléon se montra plus flatté du sentiment qui avait guidé sir Elphinston que de la beauté du cadeau. Toutes les pièces de l'échiquier, au lieu de ressembler aux nôtres, étaient de grosses et lourdes images des objets dont elles portaient les noms : ainsi le cavalier était armé de toutes pièces et la tour reposait sur un énorme éléphant. Napoléon admira le fini du travail, mais il dit en plaisantant :

— Il me faudrait une grue pour faire

mouvoir cette tour ; j'enverrai les corbeilles à ma femme, la boîte à jetons à ma mère et les échecs à mon fils.

Le capitaine prévint l'empereur que l'intention du gouverneur était de venir à Longwood le lendemain.

— Je le recevrai, répondit froidement Napoléon. Monsieur Poppleton, ajouta-t-il après un moment de silence, n'êtes-vous pas le plus ancien capitaine du 53e ?

— Oui, sire.

— J'estime beaucoup les soldats et les officiers de ce régiment. Ce sont de braves gens, qui connaissent bien leur devoir. Le bruit a couru, m'a-t-on dit, que je ne voulais pas voir messieurs les officiers ; auriez-vous la bonté de leur dire que ceux qui ont rapporté ce propos ont dit une fausseté ?

— Sire, je crois que ce renseignement est inexact. Je connais l'opinion que mes camarades ont toujours exprimée sur le compte de votre majesté, et je puis lui certifier qu'ils ont pour elle le plus profond respect et la plus grande admiration.

L'empereur sourit.

— Eh bien, reprit-il, dites-leur que je ne suis pas une vieille femme, et que je ne m'occupe pas de caquets; j'aime et j'estime les braves qui ont subi le baptême de feu, à quelque nation qu'ils appartiennent.

Le lendemain Hudson-Lowe, accompagné du major Gorrequer, arriva à Longwood, tandis que Napoléon se promenait dans le jardin avec M. de Las Cases et son fils. Le gouverneur envoya demander à l'empereur une entrevue, que celui-ci lui accorda en disant :

— Ah, ah! le voilà!... Il vient aussi me souhaiter ma fête à sa manière; c'est moi qui lui donnerai le bouquet.

Il reçut le gouverneur avec une politesse qui avait quelque chose de triste : il était un peu plus pâle que de coutume.

— C'est vous, monsieur, lui-dit-il d'un ton sec; eh bien! que me voulez-vous?

— Permettez-moi, général, lui répondit le gouverneur, de vous remercier d'abord de la bonté que vous avez eue de me recevoir à cette heure...

— Tenez, monsieur, interrompit Napoléon avec impatience, point de *tartufferie*, point de mensongères politesses entre nous, cela ressemblerait trop à la ridicule conduite des officiers français et anglais à la bataille de Fontenoy, qui, avant de s'envoyer des balles et des boulets, se saluèrent en disant; *A vous de commencer*. Nous autres, soyons francs, et allons droit au but.

En disant ces mots, il fit un geste de la main comme pour défendre au grand-maréchal et à M. de Las-Cases de l'accompagner, et entra dans la salle à manger. Là le gouverneur et lui eurent une conversation des plus vives. Poussé à bout par d'indignes traitements, de gratuites méchancetés et d'absurdes calomnies, l'empereur s'en expliqua sans réserve, et ne ménageant plus rien, il termina en disant :

— Monsieur, le plus mauvais procédé des ministres anglais n'est plus désormais de m'avoir envoyé ici, mais bien de m'avoir livré à vous pieds et poings liés. Je me plaignais de l'amiral, votre prédécesseur, j'avais tort, car du moins il avait un cœur, lui; mais vous, vous n'en avez pas. Vous faites tout ce qu'il faut pour déshonorer votre nation... Songez-y bien, ajouta-t-il en étendant les bras et en faisant avec l'index un geste de menace, votre nom sera une flétrissure éternelle... Je me plaignais aussi qu'on m'eût envoyé un geôlier ; j'avais encore tort, car vous n'êtes qu'un bourreau... Voilà ce que j'avais à vous dire; maintenant, monsieur, je vous prie de me laisser en repos.

Et, tournant brusquement le dos au gouverneur, il entra dans sa chambre à coucher en poussant violemment la porte sur lui.

Hudson-Lowe se retira dévoré de dépit; il dit seulement au major Gorrequer, qui l'attendait dans le petit salon, que le général Buonaparte n'était pas un *gentleman*.

Napoléon ne sortit plus de la journée; il ne reçut personne, et mangea seul. Le soir, comme Marchand l'aidait à se déshabiller, il lui dit d'un ton pénétré :

— Tu me racontais l'autre jour que tu aimais à étudier les hommes. Si tu avais pu entendre ce que m'a dit le gouverneur ce matin, tu aurais appris à connaître jusqu'où peut aller la patience humaine, et tout ce que le cœur peut dévorer d'humiliations. Une chose me console cependant, c'est que plus tard ses compatriotes seront bien forcés de me rendre justice. Eh! tiens! déjà, regarde sur cette table.

Marchand s'approcha du guéridon sur lequel Napoléon avait fait déposer l'échiquier que le capitaine Pappleton lui avait apporté la veille, avec la boîte en bois d'ébène qui renfermait toutes les pièces du jeu, et il vit ces mots, incrustés en lettres d'ivoire :

A l'illustre prisonnier de Sainte-Hélène
La famille Elphinston reconnaissante.

La Saint-Napoléon à Sainte-Hélène.

Pendant un dîner fort triste que Napoléon faisait à Sainte-Hélène, en compagnie de quelques-uns de ses nobles compagnons d'exil et du grand-maréchal, ce dernier ayant fait observer que ce jour même était la veille du 15 août :

— En effet, répliqua l'empereur, je n'y

avais pas songé. Demain, en Europe, bien des santés seront portées à Sainte-Hélène ; et quoi que fassent M. mon frère sa majesté Georges IV et les *autres*, ils ne pourront empêcher que quelques vœux n'arrivent jusqu'à moi, à travers l'Océan.

Après le dîner, la chaleur étant étouffante, Napoléon, se trouvant fatigué, ne sortit pas : il s'assit sur le canapé, dans la bibliothèque, et continua de causer de l'abbé de Pradt, qui avait été le sujet principal de la conversation pendant le repas.

— Il a écrit, en parlant de moi, dit Napoléon en souriant amèrement, que je ne m'étais pas contenté de me créer une France imaginaire, une Espagne imaginaire, une Pologne imaginaire ; mais que je voulais me créer encore une *Sainte-Hélène imaginaire*. Qu'en pensez-vous, messieurs ?

Chacun ayant gardé le silence, il reprit, après un moment de méditation, la tête appuyée sur ses deux mains et d'un ton qui avait quelque chose de prophétique :

— Ils me tueront ici, c'est certain ; *il n'y a que les morts qui ne reviennent pas !*

On apporta le punch : Napoléon prit un verre sur un plateau, en disant :

—Eh bien, messieurs, faites comme moi... Et vous, mon cher, dit-il à M. de Las-Cases, est-ce que vous ne prenez pas votre part ?

Le grand-maréchal fit observer gaîment à l'empereur que le comte ne pouvait boire de punch parce qu'il n'avait pas de verre ; on n'en avait apporté que trois par mégarde. Napoléon reprit alors :

— Oh que si, il en boira !

Et, lui offrant le sien après l'avoir approché de ses lèvres, il ajouta :

— C'est à l'anglaise, n'est-ce pas, mon cher ? En France, on ne boit guère qu'après sa maîtresse ; mais à Sainte-Hélène on peut boire après son ami.

Il était dix heures, l'empereur témoigna le désir de se retirer, et dit avec un sourire charmant :

— A demain donc, messieurs ; nous passerons la journée en famille. Prévenez ces dames et, faites les invitations en mon nom, sans oublier mon petit Emmanuel et *M. Tristan*, s'il promet d'être sage.

Les hôtes de Sainte-Hélène avaient l'intention de se présenter, le lendemain, chez l'empereur, à dix heures du matin, avec un bouquet, pour lui souhaiter sa fête; mais ce dernier, soit qu'il eût été instruit de ce projet, soit qu'il l'eût deviné, le dérangea complétement. Il alla, lui-même, avant huit heures frapper à toutes les portes, en disant à chacun de ceux qu'il éveillait ainsi :

— Allons ! monsieur le paresseux ! levez-vous donc ! Ne savez-vous pas que nous devons déjeûner tous ensemble aujourd'hui ?

Le temps était fort doux; à dix heures tout le monde était réuni dans le jardin; c'étaient le grand-maréchal, sa femme et son fils aîné; M. et madame de Montholon, avec le petit Tristan, un de leurs enfants, âgé tout au plus de six ou sept ans. Le général Gourgaud, M. de Las-Cases et le jeune Emmanuel, son fils, arrivèrent les derniers. Le déjeûner avait été préparé sous la tente que l'empereur avait fait élever dans un des angles du jardin. Entouré de ses *fidèles*, qui s'étaient empressés de lui adresser leurs vœux sincères, il les remercia avec effusion :

— Maintenant, avait-il dit, trève aux compliments, et allons-nous mettre à table.

Et offrant la main aux dames, il les plaça à ses côtés.

Ce déjeûner ne fut pas aussi gai qu'il promettait de l'être : les convives étaient absorbés par trop de sentiments divers ; aussi ne fut-il pas long. A peine était-il achevé, que le petit Tristan, qui aimait beaucoup à courir, s'élança de sa chaise pour aller jouer hors de la tente ; mais l'empereur le retint par le bras, et, l'ayant placé entre ses jambes, lui dit d'un ton de mignardise :

— Monsieur Tristan, c'est beaucoup trop tôt ; on ne quitte pas ainsi les gens. Demandez plutôt à votre papa ; il vous dira que ce n'est pas poli.

Le pauvre enfant, honteux de la réprimande, baissa les yeux et ne répondit pas. Alors Napoléon lui prit la taille dans ses deux mains, et, le secouant légèrement, ajouta d'un ton tout paternel :

— Je ne te dis pas cela pour te gronder ; c'est un avertissement que je te donne. Tu pleures maintenant!... Allons, allons, calme-toi, et pour prouver à ton bon ami que tu n'es pas fâché, récite-lui une des jolies fables que ta maman te fait apprendre par cœur. Essuie tes yeux, et tâche de ne pas te tromper.

En disant ces mots, Napoléon avait assis l'enfant sur ses genoux. Le petit Tristan leva sur lui ses longues paupières encore humides, et lui demanda d'un ton calin :

— Sire, laquelle voulez-vous que je récite ?

— Celle que tu voudras ; la plus courte, car ce doit être celle que tu sais le mieux.

— Je n'en sais qu'une tout entière : *le Loup et l'Agneau*, et puis la moitié d'une autre.

— Diable ! je n'aurai pas l'embarras du choix ; c'est égal, va pour *le Loup et l'Agneau*.

Le petit bonhomme commença donc à réciter cette fable, tant bien que mal. Rien n'était plus plaisant que de le voir et de l'entendre dire : *Sire...*, *Votre Majesté*, tantôt en parlant du loup, tantôt en s'adressant à l'empereur, les confondant ainsi tous les deux à tort et à travers dans son langage, et plus probablement encore dans sa petite tête. Napoléon riait de bon cœur, tout en condamnant qu'on mît les fables de La Fontaine dans les mains des enfants, qui, disait-il, ne pouvaient comprendre ni sa simplicité ni sa logique.

Lorsque Tristan eut fini, il l'embrassa tendrement, puis il chercha à lui faire comprendre cette fable, dans laquelle, ajouta-t-il, il y avait beaucoup trop d'ironie; mais il ne tâcha pas moins de la lui rendre sensible, en lui expliquant la morale qu'elle renfermait.

— D'ailleurs, reprit-il en terminant, elle pèche dans son principe, parce que sa morale est absurde. Il est faux que *la raison du plus fort soit toujours la meilleure*. Voilà justement l'abus que le fabuliste aurait dû condamner, et c'est ce qu'il n'a pas fait; au contraire, il semble consacrer cet abus. A sa place, moi, j'eusse dit que le loup s'étrangla en croquant l'agneau, et certes cette morale eût été mieux comprise de l'enfance, parce qu'elle eût été juste; d'autant plus, dit-il encore, en s'adressant au petit bonhomme, qui l'écoutait avec avidité, qu'il y a aussi des loups qui croquent les petits enfants paresseux.

A ces mots Tristan, qui était paresseux comme la plupart des enfants gâtés, ouvrit de grands yeux, et s'empressa d'avouer tout bas à l'empereur qu'il n'étudiait pas tous les jours, mais qu'à l'avenir il travaillerait davantage.

— Et tu auras raison, lui dit Napoléon ; ne manges-tu pas tous les jours ?

— Oui, sire, mais pas toujours des confitures.

— Des confitures ! toujours des confitures, répéta l'empereur avec un demi-sourire, tu ne sors pas de là, toi ! Il semble que ce soit la condition *sine quâ non*... Eh ! messieurs, voilà bien l'influence du petit ventre ! ajouta-t-il en frappant doucement sur celui de Tristan ; c'est la gourmandise qui fait mouvoir le monde. Allons, mon petit ami, dit-il en le mettant à terre, maintenant que tu as bien babillé, va jouer au jardin.

Alors il frappa dans ses mains comme pour

lui donner le signal de la liberté. Le petit bonhomme ne se le fit pas répéter ; il prit son élan et disparut. Napoléon le regarda courir en disant avec attendrissement :

— Mon fils a presque cet âge aujourd'hui.

Puis, passant la main sur ses yeux, il engagea ses convives à faire un tour de jardin : tous l'accompagnèrent. Comme il se disposait à rentrer, il aperçut près de l'habitation un trou dans lequel s'était peu à peu formé une mare d'eau stagnante assez profonde pour qu'un agneau s'y fût noyé quelques jours auparavant. A cette vue, Napoléon, encore impressionné par le souvenir de son fils, se retourna vivement vers le grand-maréchal, et lui dit avec un peu d'humeur :

— Est-il possible, Bertrand, que vous n'ayez pas encore fait combler ce trou ! Quel chagrin n'auriez-vous pas si un enfant, en jouant, venait à tomber dans ce cloaque et s'y noyait comme la pauvre bête de l'autre jour?

— Sire, répliqua le grand-maréchal, souvent j'en ai eu l'intention ; mais jusqu'à présent il m'a été impossible d'obtenir du gouverneur qu'il envoyât ici un ouvrier.

— Le gouverneur ! le gouverneur ! reprit Napoléon plus vivement encore ; ce n'est pas une excuse. Est-ce que cet homme a des entrailles ?..,.. Si mon fils était ici, il y a long-temps qu'à défaut d'ouvriers et d'outils, j'eusse moi-même comblé ce trou avec mes mains.

Mais Napoléon ayant repris peu à peu son calme habituel, en manifestant le désir de faire une partie, on rentra au salon. Le comte Bertrand lui proposa alors de jouer à l'écarté pour que tout le monde pût se mêler de la partie ; mais l'empereur, qui n'aimait pas ce jeu, « parce que, disait-il, il ne se jouait que dans l'antichambre », préféra le vingt-et-un. Santini prépara la table de whitz, chacun s'assit à l'entour.

Ordinairement l'empereur se levait après avoir perdu dix napoléons, et cela lui arrivait presque toujours, parce qu'il avait pour habitude de laisser sa pièce d'or sur le tapis jusqu'à ce qu'elle en eût produit un grand nombre. Ce jour-là, il arriva jusqu'à soixante-quatre napoléons. Le grand-maréchal tenait la main ; Napoléon voulait voir jusqu'à quelle somme son gain pourrait monter; mais le comte Bertrand lui ayant fait observer, en riant, que s'il venait à gagner le coup, non-seulement il ferait sauter la banque, mais encore qu'il le forcerait à faire banqueroute, l'empereur retira son argent, en disant :

— Je ne veux ruiner personne.

Et il se contenta de risquer dix napoléons chaque fois, ce qui fut fort heureux pour le banquier; car si l'empereur eût joué comme d'habitude, il eût passé seize fois de suite et eût gagné 32,768 pièces de vingt francs, c'est-à-dire 655,360 francs, ce qui eût été une somme énorme, et que personne ne possédait dans l'île. Comme chacun s'extasiait sur cette faveur insigne de la fortune :

— Mais, permettez donc, dit Napoléon avec bonhomie, n'est-ce pas aujourd'hui l'anniversaire de ma naissance? C'est bien le moins que j'aie un jour de bonheur dans l'année.

Après avoir partagé l'or qu'il avait devant lui entre MM. Montholon et Gourgaud, que les chances du jeu avaient fort maltraités, il se leva, salua très-gracieusement, et se retira dans sa chambre à coucher, en disant :

— Allons, c'est assez pour aujourd'hui, je vous souhaite le bonsoir.

Et chacun regagna tristement sa demeure plus triste encore.

Henriette.

Toutes les fois qu'à Sainte-Hélène le temps le permettait, Napoléon sortait, soit en calèche, soit à cheval; et, comme il avait bien vite parcouru l'étroit espace qui lui était assigné, souvent il aimait à en explorer les détails. Ainsi, après avoir fait sa dictée ordinaire (car une de ses occupations favorites était la rédaction de ses mémoires), il passait quelques heures à lire ou à étudier l'anglais, faisait sa toilette de trois à quatre heures, et sortait ensuite, accompagné du général Bertrand, de M. Las-Cases ou du général Gourgaud. Ces courses étaient toutes dirigées vers la vallée voisine : en revenant on passait habituellement chez le général Bertrand; ou bien, au contraire, on commençait par ce côté, et l'on descendait la vallée. On explorait ainsi le voisinage, en visitant le peu d'habitations qui s'y trouvaient : toutes étaient pauvres et misérables. Les chemins étaient parfois impraticables; mais plus ces chemins étaient mauvais et plus il y avait de difficultés à vaincre, plus Napoléon semblait aimer ces excursions; c'était pour lui un simulacre de liberté. La seule chose à laquelle il ne pouvait s'habituer, était la rencontre des sentinelles anglaises posées, d'espace en espace, pour l'observer. Dans ses courses habituelles, il adopta enfin une station régulière dans le milieu de la vallée.

Un jour qu'il avait fait une nouvelle pointe au milieu de rochers sauvages, il découvrit une pauvre maison dont il ouvrit la porte; il entra dans un petit jardin tout émaillé de fleurs de géranium, qu'une jeune fille arrosait. Cette jeune fille était brune et fraîche comme ses fleurs; elle avait des yeux bleus d'une expression de bonté si gracieuse, que Napoléon en fut frappé.

— Comment vous nommez-vous ? lui demanda-t-il.

— Henriette, répondit-elle.

— Mais votre nom de famille?

— Brow.

— Vous paraissez aimer beaucoup les fleurs?

— C'est toute ma ressource.

— Comment cela?

— Tous les jours je vais à la ville porter ces géraniums, et je vis des trois ou quatre pennys que l'on me donne en échange de mes bouquets.

— Et votre père et votre mère, que font-ils donc?

— Hélas! je n'en ai plus, répondit la jeune fille avec une profonde émotion.

— Pas un seul parent?

— Pas un seul; je suis tout-à-fait étrangère à cette île. Il y a trois ans, mon père, ancien sous-officier de l'armée anglaise, et ma mère partirent de Londres et m'emmenèrent pour aller rejoindre, disaient-ils, des parents que nous avions aux Indes, et qui devaient les aider à faire fortune. Nous n'étions pas riches : mes parents eurent toutes les peines du monde à amasser la somme nécessaire pour faire ce long voyage. Mais, hélas ! ils ne devaient pas en voir la fin : mon père mourut pendant la traversée, et lorsque notre vaisseau relâcha dans cette île, ma pauvre mère était si souffrante que l'on nous y laissa. Elle fut bien long-temps malade, et nous n'avions plus de ressource, lorsque, pour apporter un peu de soulagement à notre misère, je m'avisai de vendre des fleurs. Un négociant de la ville qui, comme vous, m'interrogea sur notre situation, eut pitié de nous ; il nous donna cette cabane, où ma mère se rétablit un peu, et nous y vécûmes, pendant deux ans, du produit de ce petit jardin. Il y a un an, ma bonne mère, qui avait eu une rechute, obtint de Dieu un terme à ses souffrances. Elle me recommanda d'avoir du courage, et, vous le voyez, monsieur, je lui obéis.

La jeune fille, après avoir parlé ainsi, fondit en larmes. Pendant ce court récit, la figure de Napoléon s'était visiblement émue.

Des mots sans suite sortirent de sa bouche, puis il dit plus distinctement :

— Pauvre enfant! qu'as-tu donc fait à Dieu pour être rejetée ici si misérablement? Singulier rapprochement de destinée! comme moi, elle n'a plus de patrie, plus de famille.... Elle n'a plus de mère; et moi.... je n'ai plus d'enfant.

Et en prononçant ces mots, un soupir d'autant plus pénible, que depuis longtemps il était plus concentré, s'échappa de la poitrine de l'empereur; il cacha sa tête dans ses mains, et de grosses larmes s'échappèrent de ses yeux. Oui, l'homme que la perte du plus beau trône du monde avait trouvé calme et résigné, pleura au souvenir de son enfant. Mais bientôt, reprenant toute sa fermeté, il dit à la jeune fille :

— Je veux emporter un souvenir de ma visite; cueillez-moi vos plus belles fleurs et faites-moi un gros bouquet.

Henriette se mit aussitôt à l'ouvrage, et lorsque Napoléon lui eut donné en échange cinq pièces d'or, elle s'écria :

— Ah! grand Dieu! monsieur, pourquoi

n'êtes-vous pas venu plus tôt, ma mère n'aurait manqué de rien, et elle ne serait pas morte!

— Bien, bien! mon enfant, voilà de bons sentiments; je reviendrai vous voir.

Alors regardant les cinq pièces d'or en rougissant, Henriette reprit :

— Mais, monsieur, je ne pourrai jamais vous donner assez de fleurs pour une si grosse somme.

— Que cela ne vous inquiète pas, répondit Napoléon en souriant; je reviendrai en chercher.

Et il la quitta. Dès qu'il eut rejoint ses compagnons de voyage, il leur raconta sa découverte. Il paraissait heureux d'avoir trouvé un malheur à consoler; et, dès cet instant, la jeune Henriette augmenta la nomenclature spéciale de Longwood : on l'appela la *Nymphe de Sainte-Hélène.* Car, dans son intimité, Napoléon avait la coutume de baptiser insensiblement tout ce qui l'entourait; ainsi la partie de l'île qu'il parcourait dans ses promenades, ne s'appelait que la *Vallée du Silence.* M. de Malcolm, chez lequel il avait logé à Briars, en arrivant à Sainte-Hélène, était *l'Amphytrion*. Le major, son voisin, aux six pieds de haut, s'appelait *le Géant*. Sir Georges Cockburn était désigné par le nom de *monseigneur l'amiral*, lorsque l'empereur était gai ; mais s'il avait à s'en plaindre, ce n'était plus que le *requin*.

Quelques jours après cette visite, Napoléon dit en s'habillant qu'il voulait retourner voir sa *pupille* et la présenter à ses *fidèles*. On trouva la jeune fille chez elle ; elle avait appris, dans l'intervalle, le nom de son bienfaiteur ; et, vivement émue, non de sa grandeur passée, mais de ses malheurs récents, elle fit à son illustre hôte, le mieux qu'elle put, les honneurs de sa pauvre cabane, et suppléa au peu de valeur de son hospitalité par la grâce qu'elle mit à la pratiquer : elle présenta des figues, des fleurs de son jardin et de l'eau du ruisseau de la vallée, qui prenait sa source dans son jardin même.

— Sire, dit-elle à Napoléon, vous le voyez, je vous attendais. Malheureusement je n'ai pas été prévenue assez à temps de votre visite, sans cela je vous eus fait honneur du trésor que vous m'avez donné.

— Et je vous aurais grondée de pareilles façons, répliqua l'empereur. Quand je viendrai vous voir, je ne veux pas autre chose que votre eau, qui est excellente. C'est à cette condition que vous me reverrez. Après tout, je ne suis qu'un ancien soldat comme votre père, et le soldat n'a pas toujours à sa disposition des figues et de l'eau, j'en sais quelque chose.

Dès ce jour, Napoléon n'alla jamais se promener dans cette direction sans s'arrêter quelques instants devant la cabane d'Henriette; celle-ci s'avançait devant sa porte, lui offrait un magnifique bouquet, une tasse de l'eau de la source, et, après avoir répondu gracieusement aux deux ou trois phrases qu'il lui adressait, il la saluait et continuait sa course, tout en devisant avec ceux qui l'accompagnaient sur l'excellent caractère, l'esprit et l'éducation de la jeune Anglaise.

L'année suivante, Napoléon commença

de ressentir les premières atteintes de cette maladie à laquelle il devait plus tard succomber. Henriette, ne voyant plus son bienfaiteur, vint tous les jours à Longwood s'informer de sa santé; et, après avoir déposé son bouquet à l'un des serviteurs de la maison, elle s'en retournait bien tristement. Un jour, cependant, qu'elle était assise dans son jardin, elle entendit le roulement d'une voiture. Elle traversa le chemin et se trouva en présence de Napoléon. Aussitôt qu'elle l'eut regardé, la figure de celui-ci prit une expression de tristesse.

— Vous me trouvez bien changé, n'est-ce pas, mon enfant? lui dit-il tout doucement.

— Oui, sire, c'est vrai; mais maintenant votre majesté va se rétablir tout-à-fait.

— J'en doute, fit l'empereur en secouant la tête d'un air d'incrédulité. Toutefois, aujourd'hui, vous le voyez, j'ai voulu vous faire une visite.

Il descendit en effet de sa voiture; et, appuyé sur le bras du grand-maréchal, il gagna la cabane. Quand il fut assis :

— Donnez-moi une tasse d'eau de la

source, ma chère Henriette; cela apaisera peut-être le feu qui me dévore... ici... fit-il en portant les deux mains à sa poitrine.

La jeune fille se hâta d'obéir. Dès que Napoléon eut bu, sa figure, de contractée qu'elle était, redevint sereine.

— Merci! merci! ma chère enfant, lui dit-il avec bonté, cette eau a un peu calmé mes souffrances. Si j'en avais pris plus tôt, peut-être!... ajouta-t-il en levant les yeux au ciel; mais maintenant, il est trop tard...

— Alors, reprit Henriette en affectant de donner de la gaîté à son visage, que je suis heureuse que cette eau vous paraisse bonne; je vous en porterai tous les jours : elle vous guérira.

— Non! ma chère enfant, ce serait inutile, je ne m'abuse pas; c'est la dernière visite que je vous fais, je le sens. Il y a ici un *dolore sordo* qui me tue (et l'empereur désignait son côté); mais puisque je ne vous verrai plus, je veux vous laisser un souvenir de moi. Que puis-je vous donner?

A ces mots, la jeune fille ne put se contraindre davantage, et, fondant en larmes, tomba aux pieds de l'empereur, en disant:

— Votre bénédiction, sire.

Napoléon se leva, et bénit Henriette avec cette gravité que donne la foi, car il avait toujours eu les croyances qui font l'honnête homme : aussi mourut-il en chrétien, et vécut-il respectueux envers sa mère.

Depuis ce jour, Henriette ne manqua pas de se rendre religieusement à Longwood. Elle portait de l'eau de la source et toujours son bouquet, mais toujours aussi elle s'en retournait plus triste; car chaque jour elle rapportait des nouvelles plus alarmantes de la santé de l'empereur.

En fin du mois de mai 1821, que le soleil était plus brillant que d'habitude et que plus gaie Henriette se rendait à Longwood, elle y arriva avec cette espérance d'enfant que lui donnait une secrète confiance dans l'eau de la source de son jardin. On lui avait dit, la veille, que l'empereur allait mieux, et son imagination reconnaissante avait tout de suite créé un miracle, et ce miracle, c'était la guérison de Napoléon.

Elle arrive.... mais, hélas! que la réalité

était loin de ses rêves! elle trouve tout le monde consterné. Cette fois, craignant pour la vie de son bienfaiteur, et voulant au moins le revoir encore et lui dire un dernier adieu, elle demande à être admise auprès de lui. On lui répond qu'il est trop mal et que ce n'est pas possible. Elle prie, supplie d'abord en vain; mais enfin ses larmes ont tant de puissance qu'elle est introduite dans la chambre.

C'était le moment solennel où Napoléon, dans son lit de douleur, entouré de ses *fidèles*, après un long abattement, s'était relevé sur son séant et avait demandé qu'on plaçât devant ses yeux le buste de son fils et qu'on lui ouvrît la fenêtre qui était du côté de la France; puis, après avoir adressé des adieux touchants à cette chère patrie, le délire s'était emparé de sa tête, ses membres s'étaient raidis par les convulsions, ses yeux étaient devenus fixes, on avait encore entendu ces quelques mots inarticulés sortir de sa bouche : *France!... mon fils!...* puis rien : Napoléon avait cessé de vivre.

A ces mots, à cette vue, les fleurs que la

jeune fille venait offrir s'échappent de ses mains tremblantes; elle-même tombe à genoux; puis, faisant un effort, elle essaye de saisir la main que Napoléon a hors du lit, sans doute pour y poser ses lèvres.... mais aussitôt sa tête se penche, sa bouche se décolore, ses paupières s'apesantissent, et elle tombe doucement au pied du lit comme succombant à un sommeil irrésistible.....

Henriette ne se réveilla plus.

FIN.

TABLE DES MATIÈRES.

FIN DE LA TABLE.

AVERTISSEMENT

DE L'ÉDITEUR.

Bien que ce petit livre ne soit, à vrai dire, qu'un recueil d'anecdotes, ce simple titre, *Anecdotes inédites*, ne nous ayant pas paru indiquer suffisamment une réunion de faits historiques, nous avons cru devoir adopter un titre un peu plus ambitieux, non pas dans l'intention de tromper le lecteur, mais parce que l'histoire la plus complète elle-même, dégagée de sa partie philosophique, n'est en réalité qu'une suite d'anecdotes plus ou moins développées et classées dans un ordre chronologique. Au surplus, nous laisserons au lecteur à décider si nos prétentions ont été suffisamment justifiées.

www.ingramcontent.com/pod-product-compliance
Ingram Content Group UK Ltd.
Pitfield, Milton Keynes, MK11 3LW, UK
UKHW020108200726
13856UKWH00002B/436